职场升维

像老板一样思考

王鹏 著
王靖

中国科学技术出版社

·北京·

图书在版编目（CIP）数据

职场升维：像老板一样思考 / 王鹏，王靖著 . —北京：中国科学技术出版社，2024.5
ISBN 978-7-5236-0583-7

Ⅰ.①职… Ⅱ.①王…②王… Ⅲ.①企业管理 Ⅳ.①F272

中国国家版本馆 CIP 数据核字（2024）第 061951 号

策划编辑	何英娇	执行编辑	邢萌萌
责任编辑	何英娇	版式设计	蚂蚁设计
封面设计	东合社	责任印制	李晓霖
责任校对	张晓莉		

出 版	中国科学技术出版社
发 行	中国科学技术出版社有限公司发行部
地 址	北京市海淀区中关村南大街 16 号
邮 编	100081
发行电话	010-62173865
传 真	010-62173081
网 址	http://www.cspbooks.com.cn

开 本	880mm×1230mm 1/32
字 数	166 千字
印 张	8
版 次	2024 年 5 月第 1 版
印 次	2024 年 5 月第 1 次印刷
印 刷	北京盛通印刷股份有限公司
书 号	ISBN 978-7-5236-0583-7 / F·1233
定 价	69.00 元

（凡购买本社图书，如有缺页、倒页、脱页者，本社发行部负责调换）

 前 言

和你的老板同频

在职场上经常会遇到一些让人不安的场景：

- 对某个项目要点，老板的判断你难以苟同但又无法说服他；
- 你谈了半天你认为很重要的事情，但老板无动于衷；
- 在完成工作后受到老板质疑，但你无法理解他究竟在质疑什么；
- 在重要会议上发言，总也说不到点上，老板看你的眼神有点不对；
- 老板抛出一个问题，但问题的边界不清晰，没人能回答到位；
- ……

大概总结一下，上面这些情境是说"老板说的东西你听不懂，你说的老板又不感兴趣，你总是无法和老板同频"，时间一长，老板和你之间就会产生隔阂和矛盾。出现这种情境的原

因有时会被归结为沟通技巧问题，实际上，多数情况下它与沟通技巧关系不大。

今天的职场和数十年前的职场有本质的不同，不同之处在于今天职场中的人绝大多数是知识工作者，他们为企业做贡献的方式发生了本质变化，新的企业构型和社会构型已经形成。

与以往相比，"和老板同频"这件事发生了巨大的变化——从传统思维方式看，"和老板同频"意味着更好地去理解领导在想什么，以及怎样让自己的工作和领导的想法更加契合。需要指出的是，这样做在今天的职场中远远不够——这意味着你只是按照上级的指挥棒翩翩起舞，而不是**真正拥有企业级思维，真正"和老板同频"**。举个例子，一名记者想要脱颖而出，就不能只听主编的指令写稿件，而是必须去理解读者想要什么、所在媒体想要什么，并学会主动出击，成为优秀策划人和执行者。也就是真正地站在企业高度去思考面前的问题，拥有企业级思维。

为什么拥有企业级思维才能"和老板同频"？

因为对于知识型工作，人才的绩效表现不是呈正态分布，而是呈幂律分布的。正态分布是自然界常见的一种概率分布形式，它表明某种情况发生的概率是中间值多数，最大值和最小值相差不大。比如某小区成年男性身高平均是 1.68 米，即使姚明加入这个小区，均值也不会产生太大变化，最高和最低的男性身高仍然差距有限。幂律分布则不同，这种分布的特点是大多数情况下的数值和少数事件下的数值差别巨大，少数事件下

前言

的数值远远高于均值，比如某小区的家庭平均收入和 NBA 某著名球星的收入差距。也就是说，一个拥有企业级思维、满腔热忱的知识工作者绩效也许是一个缺乏企业级思维的知识工作者绩效的数十倍甚至于百倍——只有你为企业创造巨大价值，才能够真正地"和老板同频"。

怎样才能拥有企业级思维呢？

这需要我们拥有新的认知！

认知的改变源自改变信息接收模式，源自某种新的思维模式。不同的认知导致不同的行动，不同的行动导致不同的结果。笔者一直在从事企业管理咨询的工作，为企业提供管理服务，接触过不少企业家、创业者和中高层管理者。在为他们服务的过程中笔者发现，优秀的企业家和管理者在个人认知、业务发展认知、产品认知、战略认知和组织发展认知等方面有一些共性的信息接收模式或者说思维模式[1]，而这些思维属于企业级思维，值得职场资深人士乃至职场小白借鉴，这是笔者撰写本书的主要动因。这些思维包括：

- 认识到"正常情况下，每个人只能看到自己想看的东西"。
- 理解什么是"最小可行产品"（MVP），学会低成本试错。
- 认识到"企业资源永远是稀缺的，不能去做'自然延伸业务'，需要聚焦力量占据利基市场"。

---

[1] 认知是一种心理过程，它是对外部信息的接收模式。思维是认知的一种形式，是认知的高级阶段。

- 认识到"企业的目标和顾客的目标不同",企业的目标往往是"做出了不起的世界级产品",但顾客的想法往往是"成为更好的自己"。
- 理解什么是"知识的诅咒"——当我们了解某件事之后,我们就无法想象这件事在未知者眼中的样子。
- 理解什么是战略认知领域的"聚焦、垄断和并集"。
- 认识到"企业组织真正的绩效,不是来源于普通工作事项的完成情况,而是来源于核心工作事项的完成情况"。
- 认识到"打大仗、跃'龙门'的方式是企业跃迁过程中最靠谱的方式"。
- 认识到"看清问题的本质比解决问题要困难得多",由此了解重构关键问题的力量。
- 认识到"凝聚组织共识的必要性,应该在企业内部安排定期的务虚会"。
- 认识到"工资不是员工愿意接受的最低金额,而是保障员工美好生活的合理金额"。
- 认识到"身边的人是伙伴而不是简单的员工,工资的本质不是报酬而是一种投资"。
- 认识到"优秀是卓越的大敌"。
- ……

从另一个维度再说说企业级思维。

你可以试着问自己或身边同事这个问题:

- 你的工作对公司有什么样的影响,你真的了解吗?

前言

——或：公司需要你做些什么，需要你怎么做？

——或：你为什么要用现在的方式开展工作？

——或：你的工作对公司真正的意义和价值究竟在哪里？

职场中很多人都不真正了解自己所在公司的业务流程和组织流程，以及自己的工作在公司中到底发挥着什么样的作用。笔者经过多年的职场生涯后发现，无论是在大企业还是小企业，企业中都有很多人不懂业务（无论他们在公司干了多久）。包括相当比例的中层管理者和大部分的基层员工，其中人力资源部、财务部、行政部等职能部门的员工更是如此，他们并不知道自己的工作对公司的真正价值是什么！

奈飞公司（Netflix）的前首席人力资源官帕蒂·麦考德（Patty McCord）也发现了这一点。她在奈飞公司工作之前就职于美国太阳微系统公司，据她说，美国太阳微系统公司有370个人力资源专员，这些人完全不懂业务。进入奈飞公司之后，她很高兴自己成为一名业务人员而不是一名人力资源主管（虽然她还是管人力资源）。作为首席人力资源官，她认为她在奈飞公司的一项重要工作是培养员工的高层视角，她说："员工需要以高层管理者的视角看待事物，以便感受到自己与所有层级、所有部门都必须解决的问题有真正的联系，这样公司才能发现每个环节上的问题和机会，并采取有效行动。具有讽刺意味的是，公司在各种培训项目上投入巨大，花了大量时间和精力去激励员工和评估绩效，但是却没能真正向员工解释清楚业务是如何运行的"①。

懂企业、懂业务、拥有企业级思维，并不是一件非常困难的事情，真正的拦路虎是我们接收外部信息的模式，也就是我们的认知和思维模式，由此我们才会不知道老板在想什么，不知道自己应该干什么，不知道该从哪几个角度去思考眼前的问题，不懂得怎样向上管理……

笔者衷心希望，在不远的未来，每个员工都能"和你的老板同频"，成为企业中和职场上真正意义上的事业合伙人，企业的利润不是来自盘剥员工带来的剩余价值，而更多地来自每位知识工作者拥有企业级思维，充分发挥自身价值带来的收益。

---

① 摘自《奈飞文化手册》（*Powerful: Building a Culture of Freedom and Responsibility*），作者是帕蒂·麦考德。

目　录

1 个人认知篇

初学者之心 … 003

元认知思维 … 006

打破自己的定式思维 … 010

摒弃"习惯性思维" … 016

最佳思维工具 … 024

反脆弱思维 … 030

逻辑思维能力 … 037

成长性思维 … 044

2 业务认知篇

抓住事物的牛鼻子 … 053

先难后易思维 … 057

李云龙带来的启示 … 061

以小博大的杠杆思维 … 067

"重构关键问题"思维：本质和形式 … 071

3 产品认知篇

"必须卓越"思维 … 081
顾客思维1：别把顾客当专家 … 084
顾客思维2：我棒极了！ … 095
"最小可行产品"和低成本试错思维 … 098
将反馈视为财富 … 103
量产比"最小可行产品"更难 … 107

4 战略认知篇

真问题和伪问题 … 119
赛道选择思维 … 126
美国登月给我们的启示 … 131
创业企业的战略思维 … 143
"飞轮效应"思维 … 157
"打大仗"思维 … 162
我们的事业是什么 … 171
事前验尸思维 … 179

5 组织认知篇

组织创新思维 … 185
找到敢唱反调的人 … 195
"谈话治疗"思维 … 200
将企业成员视为伙伴 … 205
现代管理思维 … 208

目录

游戏思维：邂逅新的可能性 … 214

"高薪"思维 1：成本削减 … 221

"高薪"思维 2：人才密度 … 228

"高薪"思维 3：奖金制度的终结 … 236

如何解决企业中的矛盾 … 239

个人认知篇

1 个人认知篇 ✓

初学者之心

> 永不止步,求知若愚![1]
> Stay Hungry, Stay Foolish.
> ——《全球概览》(The Whole Earth Catalog)

"初心"的说法被世人广泛了解是因为日本禅宗高僧铃木俊隆的著作《禅者的初心》。"初心"的含义是"初学者之心",铃木俊隆认为每个人的本心自足,自足的心是"空"的,因此它对一切持开放的态度,就像初学者一样,拥有无限的可能性——修行的目的就在于要始终保持这颗"初心"。

由于天地辽阔、自身渺小,人类的信仰多半总是向外求,希望漫天神佛能启迪自己、保佑自己。但铃木俊隆认为人本自具足,应该向内求。

按照世俗的解释,初心是"最开始的想法","不忘初心"的意思是无论遭遇多少艰难险阻也不要忘记最初的目标与想

---

[1] 在很多文章中,"Stay Hungry, Stay Foolish"被译为"求知若饥,虚心若愚",笔者认为不够贴切,本书中将之译为"永不止步,求知若愚"。

法。这种说法是一种误解,因为目标需要根据实际情况调整,不见得最初的想法就一定是对的。按照美国投资家查理·芒格(Charlie Munger)的说法,人类会有一种误判的心理习惯,很多人会过早确定一些事情,然后由于人类心理的"避免不一致性倾向",抱持错误观念直到生命的尽头。举个简单的例子,某人从小不吃洋葱直至老去,即使他长大后知道洋葱是健康食品而且味道也不差,习惯却依然不变。这种行为究竟是不够理性还是初心不改,一看便知。

笔者对"初学者之心"的理解是**保持初学者的状态**,即保持好奇和开放的心态,不武断也没有偏见、能够接纳无限的可能性,容易被新的事物打动——永不止步、求知若愚(图1-1)——赤子态、有敏锐度、有激情,对世界充满好奇心。

"初学者之心"深深地影响了苹果公司创始人乔布斯。苹果公司在乔布斯的手中成为一家大型公司,乔布斯始终是一位创业者,即使在年过半百之际,他仍然能保持惊人的专注力(乔布斯自己将这种专注力归功于禅修)和认为未来有无限可能的激情。如果乔布斯寿命再延长十年,相信他仍然会有震撼人心的创新。

职场劳作就是一场修行,从某种程度上来说,感性的、直指人心的初心比任何复杂的、逻辑思辨的理性更加能让我们接触到企业的本质和人的本质。

❶ 个人认知篇 ✓

图1-1　永不止步、求知若愚[①]

---

① 图片来自硅谷科技先知斯图尔特·布兰德（Steward Brand）的出版物《全球概览》的停刊号，刊物的告别语"Stay Hungry, Stay Foolish"与"初学者之心"的内涵无缝衔接。经过乔布斯的引用风靡一时。

元认知思维

> 惯性思维怎样，心智就会怎样，因为你的灵魂已经被思想浸染。
>
> ——马可·奥勒留[①]（Marcus Aurelius）

在每个人自我认知的发展过程中，能让一个人的认知得到飞跃式提升的最佳方式是元认知思维。

所谓元认知，就是认知自己的认知过程。假想一下，你突然灵魂出窍，从空中俯瞰，看到了你自己待人接物的种种行为以及背后的原因，也许一瞬间，你对自身的认知模式有了认知，这种认知就是元认知。

人有三种状态：第一种是自己被基因和身体内的激素控制，此时人与其他动物无异；第二种是显意识下的自己，也就是理性控制下的自己；第三种就是处于元认知思维下的自己。如果你是冥想爱好者，也许你能很快明白这是怎样一种状态——观察当下流逝的时光，观察自己的念头、意图和行为。

---

① 马可·奥勒留，古罗马皇帝、哲学家。

说得稍微深入一些，所谓"我"，实际上并非是我们想象中的独立个体，而是多个自我身份的混合体，大脑把这些身份混合起来形成一个统一的"我"，在心理学上这被称为"叙述自我"，这个统一的"我"使每个人不至于陷入无所适从的混乱之中，元认知思维能够很大程度上影响这个"叙述自我"的过程。

现代心理学强调人对自身的"觉察"，觉察是元认知的基础。所谓觉察就是观察自己行为之下隐含着什么样的思维模式：

— 当你发脾气的时候，试着觉察一下自己的情绪，看看情绪从何而来，为何而来。

— 当看到一个让你不舒服的人，试着觉察一下：他的哪一部分、什么特质让你不舒服？那个不舒服的感觉想要你做些什么？这种感觉从何而来？

— 当你开始做一项工作时，试着觉察自己的想法，问自己：为什么要做这项工作？这项工作对你的意义在哪里？做到什么程度自己才会满意？是真的满意吗？

……

当你能够清晰地觉察到自身的想法时，你的"叙述自我"就会更加完满。

人类思维的惯性远大于行为的惯性，千万不要认为你的思维多数是由理性（显意识）控制的，实际情况是你的多数想法和判断完全不经过你的理性思考，在你没有意识到的情况下控制你的行为。如果想要发生改变，训练元认知思维是一个好办法。

训练元认知思维的方法有两个。

方法一：每天静坐冥想半小时[①]

静坐冥想有利于我们活在当下，察觉自己本身就具有的智慧和思维模式。

如果你没有静坐冥想过，建议你试一试。静坐的方法很多，你可以试一试"观息"的方法，把自己的全部心神放到自己的一呼一吸上，只去体会气息从鼻孔中进出的那一瞬间的感受。如果有杂乱念头干扰，不要去管它，保持"正念"的状态——注意力全部都放到呼吸上，不要被杂念带走即可，对周遭的环境和自己保持有意识但不做评判的觉察。

当你开始静坐，你会发现两种常见的状态：

- 不到一分钟，你的专注就不见了，就会被杂念带走，思绪不知道飘到什么地方去了；
- 觉得昏昏沉沉，要打瞌睡或者已经要睡着了。

如果出现第一种情况，把思绪拉回，不要烦躁，继续专注即可；如果出现第二种情况则需要调整一下你的静坐时间，困倦的时候不要静坐，精神饱满时静坐为好。

如果你能坐住了，你会更加惊讶——自己的心里怎么会有这么多的杂念？只有你真的入静了，你才会知道人心中的念头

[①] 静坐冥想不是伪科学，也不是心理学的"安慰剂效应"，它在脑科学和医学方面都有实证研究的结论。著名的欧洲工商管理学院（INSEAD）盖了一座庞大的冥想馆，他们认为21世纪企业家最有效的两项做事工具，一个是冥想，另一个是直觉（和冥想相关）。

百转千回，千奇百怪，无一刻止息（心猿意马，此之所谓也），其中绝大部分念头在正常情况下自己无法觉察。

方法二：与自己对话

如果工作、生活中碰到让你生气（情绪波动）的事情，在开始做下一个动作前停顿几秒，问自己三个问题：

— 我为什么会对这件事情生气？生气的原因究竟是什么？

— 我的第一反应是要怎么做？为什么我会这么做？

— 我是否有必要为此生气？

不管这件让你生气的事情是如何处理的，回家之后，拿出十五分钟时间"自己和自己对话"（最好在你精力充沛、头脑清醒的时间段完成，而不是神思困倦的时间段）：

— 我以前碰上过类似的事情吗？

— 以前我都是怎么处理的？

— 我是不是已经形成了一个固定的处理模式？

— 为什么我会形成这种处理模式？

— 以后我应该怎么做？

可以把这些问题和你的答案用笔写下来或在电脑上记下来。如果你有进一步挖掘的愿望，也可以把自己的思考过程写下来，做一个思考档案时时翻阅。

元认知思维之所以难得，因为它是反直觉的，它可以帮助你有效地思考工作、生活中遇到的种种烦恼，进而解决问题——成功的原因往往不是你比其他人更努力，而是拥有比别人更正确的思维模式。

职场升维：像老板一样思考

打破自己的定式思维

> 你能否把 10 枚硬币放在同样的 3 个玻璃杯中，并使每个杯子里的硬币为奇数？
>
> ——脑筋急转弯

打破定式思维是非常困难的一件事，这是因为我们所受的教育、我们所经历的各类事件、我们对这个世界的认知都深深固化在我们的潜意识之中，我们并不能意识到我们 99% 的想法已经被预设了。

在高中的物理课堂上会遇到这样一个题目：

— 给你一个气压计，请用它来测量写字楼 A 的高度，你会怎么做？

绝大多数学生都会回答说，在楼顶和楼底分别测量气压，然后用气压的压差来计算楼的高度。有一个学生给出了不同答案：

— 用一根绳子拴住气压计，然后在楼顶把气压计放到楼底，再测量所需绳子的长度就可以得到写字楼的高度。

很显然，这个答案一定是对的而且测量得更加精确，但它和出题人的初衷不一致，考试时要敢这么作答必然会拿到零分。

其实关于这个问题，还有若干解法：

- 在有太阳的日子，测出气压计的高度和影子的长度，再测出写字楼 A 影子的长度，用简单的比例法就可以得出写字楼的高度。
- 登上写字楼，让气压计以自由落体的方式落下，测量落地的时间，用自由落体公式就可以算出写字楼的高度。
- 用一根绳子系住气压计，让它在楼顶和地面同时做钟摆运动，测量出重力加速度的差值，根据差值就可以算出写字楼的高度。
- 把气压计送给门卫，让他告诉你精确的写字楼高度。
- ……

这个问题可以用来说明心理学经典的"功能固着"效应，我们会把某个功能和某个物品在心智中联系在一起，一看到气压计，就想到测量气压而不是作为坠绳子的重物；一看到电源插头，就想到充电器而不是薄薄的金属片；一看到手机，就想到给人打电话或者使用 App 而不是一个金属固体方块。

2017 年，亚马逊（Amazon）以 137 亿美元的价格收购全食超市（Whole Foods Market），这是亚马逊最大的一笔并购案，亚马逊 CEO 贝佐斯将并购的原因归结为线上向线下拓展，全食超市提供的天然有机食品能和亚马逊的业务形成协同。许多人对此感到不解，因为 2017 年全球实体零售业正处于关店潮之中，全食超市也陷入困境，这个时机购买全食超市并不是一个好主意。不过，如果打破定式思维，就可以看到全食超市还有其他价值——它在美国、加拿大和英国拥有460多家门店，这些门店多数都处于黄金地段，并且这些店铺面积大，具备仓储和冷冻功能——贝佐斯看重的并不是全食超市的零售能力，而是要将之打造成为亚马逊线下的配送中心。因此，这个并购案非但不亏，反而让亚马逊大赚了一笔。这就是打破定式思维的功能重构。

在商业上，学会特立独行是打破定式思维的好方法。美国户外运动品牌巴塔哥尼亚（patgonia）就是这么做的。

美国户外运动品牌巴塔哥尼亚的员工提出了特立独行的问题："如果我们让消费者不要购买我们的产品，会有什么效果？"于是，他们在2011年感恩节后的第一个星期五，即"黑色星期五"这一天，在《纽约时报》（*The New York Times*）上用整版刊登了一篇广告（图1-2），广告上是一件巴塔哥尼亚品牌的摇粒绒夹克，上面写着"不要买这件夹克"（Don't Buy This Jacket）。

巴塔哥尼亚有一份长长的企业黑名单，上榜的都是对环境有负面影响的企业，对这些企业一概不提供定制服务。想买我的产品，对不起，我不卖给你！华尔街银行家都非常喜欢巴塔哥尼亚定制的产品，但巴塔哥尼亚并不买账，对不起，限购！

这种特立独行凸显了巴塔哥尼亚的品牌形象（绿色环保，关注可持续发展），让它在一片平庸的产品品牌中突显出来，

❶ 个人认知篇 ✓

图 1-2　不要买这件夹克

如同黑夜中的火炬。

正常情况下，每个人只能看到自己想看的东西。有时，为了打破定式思维，我们还需要等待不同观点的出现，然后用开放包容的心态去思考和理解。

请大家想象如下场景：

- 在某个重要决策会议上，有一项重要的项目决策需要讨论，W总给大家讲解了A方案，逻辑清楚，事实和数据非常清晰，有力地论证了A方案的可行性，得到了与会者的一致赞赏。大家一致同意实施A方案。

这是许多管理者脑海里都会有的理想决策场景。不过，这个场景实际上并不符合管理原则——如果一个决策会议只有一个单一观点，没有不同观点（解决方案）的出现，不要急着下结论。

彼得·德鲁克①（Peter Drucker）在其畅销书《管理的实践》（*The Practice of Management*）中讲过一个故事：

通用汽车公司总裁史隆先生曾在该公司一次高层会议中说过这样一段话："诸位先生，在我看来，我们对这项决策，都有了一致的看法。"出席会议的委员都点头表示同意。但是他接着说："现在我宣布会议结束，此问题延到下一次会议时再行讨论。我希望下次会议时，能听到反对的意见，我们也许才能对这项决策真正了解。"一个月后，这次会议中提到的决策被否决了。②

传统管理学教科书中说，我们要从事实出发而不是从观点（假设）出发，先搜集数据、分析事实，然后在数据和事实的基础上提出解决方案，这个逻辑看起来很正确，但在实际工作中完全行不通，因为没有人能从事实出发！或者说，管理者永远不可能获得所有应该掌握的事实。

有经验的管理者都知道，我们对一件事情的思考不是从搜集数据开始，而是从观点（假设）开始，然后在此基础上搜集数据并得出答案。我们每个人只能从自己的观点（假设）出发去思考问题，所以在决策会议上，真正需要讨论的不是最终的答案，而是每个人的观点（假设）！

---

① 彼得·德鲁克，奥裔美籍管理学家，"现代管理学之父"，其管理学著作和思想影响深远。后文中对德鲁克的身份和英文名不再标注。
② 摘自机械工业出版社2006年出版的《管理的实践》，作者是彼得·德鲁克。

越是聪明的管理者越容易陷入单一思维（定式思维）的陷阱。某些领导喜欢在会议上说："如此明显的'事实'你为什么会看不到（背后的含义是你如果持反对观点，那么不是愚蠢就是不安好心）！"这种说法直接造成了会议的低效和决策错误。太多人都有过由于观点和领导不同而受到斥责的经历，再加之从众心理，在重要会议上尽量不发言简直是最符合人性的选择。

如果在职场上，管理者希望打破定式思维，就需要包容不同意见，仔细聆听不同观点，因为哪怕是真的愚笨的人，也可以给管理者提供不同的视角——要假设持不同观点的人，是由于他看到了不同的事实。譬如下述场景：

- 在某个会议上，某位不谙世事的年轻人提出一个看似很愚蠢的问题。不过，开放的会议氛围，经常能使我们独辟蹊径地找到解决问题的新思路。这不是假想，而是许多企业中不断发生的事情。

华为公司为了能够听到不同意见（更重要的是形成包容不同意见的开放氛围），特意打造了两个决策体系。一个体系以技术为中心，另一个体系以顾客需求为中心。围绕同一个问题，由这两个体系各自提出观点，进行激烈的辩论——好的决策在此基础上逐渐形成。

在企业中形成开放氛围很重要——重要的讨论会最好有独立的主持人，会议最高领导一定要把自己的发言放到最后，如果不需要当场拍板，最好全程不发言（笔者观察，绝大多数管理者都忍不住会发言。真正能忍住的，都是最优秀的管理者）。

摒弃"习惯性思维"

> 人类都是录音机,一按按钮就播放。
>
> ……
>
> 雌火鸡和大部分妈妈一样,是非常称职的,它充满关爱、警惕性高,全心保护小火鸡。它会花很多时间照料小火鸡,做好保暖和清洁工作,又把孩子收拢在身子底下。但很奇怪的是,火鸡妈妈做这一切,都必须依靠小火鸡的"叽叽"声。如果一只小火鸡发出"叽叽"声,火鸡妈妈就会照料它;如果没有,火鸡妈妈根本就不会注意它,有时甚至会误杀它。动物学家 M.W. 福克斯(M.W.Fox)做了一个实验。实验用到一只火鸡妈妈和一个臭鼬玩具。臭鼬是火鸡的天敌,只要它出现,火鸡就会嘎嘎大叫,猛烈攻击。但如果,在臭鼬出现时,立即用录音机播放"叽叽"声,火鸡妈妈立即由"女战士"转为母爱爆棚的好妈妈,它会将臭鼬收拢到自己的翅膀下,好好爱护。录音机一关,好妈妈又立即变成"女战士",猛烈攻击臭鼬玩具了。是不是很有趣?
>
> ——《影响力》(*Influence: The Psychology of Persuasion*),罗伯特·西奥迪尼(Robert Cialdini)

在美国心理学家西奥迪尼的描述中，人类就像火鸡一样有非常明确的条件反射行为，一遇到某个场景，就开始重复同样的行为。这有点像我们养狗，每天中午喂食，一敲饭盆，狗自然分泌唾液，颠颠地跑过来……

仔细一想这件事情并不值得惊讶，我们其实总是在重复自己的行为。

以网购为例，你的购买模式总是在重复，比如说"双十一"促销——买一堆没用的东西——开始懊恼——扔掉一部分——下一个"双十一"促销——继续购买。

再以夫妻吵架为例。有的夫妻感情很好，但经常吵架而且一吵架就停不下来，为什么？多半是两个人一进入吵架状态，就触发了"录音机的按钮"：女方一生气就希望对方来和自己说好话，来哄自己；男方一生气首先告诉自己要冷静，要控制，要沉默——结果女方越生气、男方越沉默——女方一定要逼男方说话，最后男方实在忍不住了开始提高声调，女方怒不可遏——吵架升级。这就是"一个馒头引发的血案"，其原因主要是双方不了解按钮按下以后对方的"播放程序"。

我们的身体中有着"习惯性思维"的基因，诺贝尔奖获得者、著名心理学家丹尼尔·卡尼曼（Daniel Kahneman）说，"习惯性思维"是指人类凭借过往的直觉和经验，不去调用理性思维介入的一种思考模式。它与人类的本能相关，人类基因中的本能是节省能量（过去数万年以来，人类必须要节省能量才能生存下来），不经过思考直接做决策，这是最节省大脑能量的方式。这时候的大脑处于自动驾驶状态，用自己最舒服、最直接的方式进行输出，不进行思考、计算等耗费能量的行为。为什么多数人在思维这个问题上都犯懒，懒得想、懒得问、懒得与现实结合、懒得去思考问题，原因在于这和我们的生存本能（基因限制）息息相关。

在我们的大脑里面有某个回路，外在表象就是形成了某个习惯，这个习惯在我们潜意识之中，一遇到相似的情景就会采取相应的行动，这些行动没有经过大脑认真思索，或者说没有经过理性思维，它是一个"不假思索"后的输出。

想要改变这些输出，首先要知道这些回路、这些习惯是怎么形成的。

美国心理学家阿尔伯特·班杜拉（Albert Bandura）说，人的观察学习都是在个体、环境、行为三者之间相互作用下发生，也就是说，人会观察身边的环境、别人的行为，感受社会主流价值观，然后再与本人的经历结合之后做出决策。一般来讲，你会观察别人是怎么做的、琢磨怎么做对自己有利，而后通过反复权衡，在心中最终形成一套回路，不管这个回路多么复杂，只要回路已经形成，当"回路源头"的情景出现，你就会不假思索地做出"回路末尾"的那个动作——这是一个标准的"回路系统"，你的大部分决策都是它替你做出的。

有两个姑娘是做窗口服务工作的,在玻璃柜台后,两个姑娘一左一右,干的是同样的窗口工作,但她们工作中的状态和处理问题的方法不太一样。

位于左边窗口的是A姑娘,一个男客户递了一份材料进去,因为材料不全,A姑娘就给扔回来,说这个少了什么材料,你拿回去补吧。结果对方开始激动起来,说我准备材料准备了半天,我家又离得远,你就帮个忙行不行?A姑娘说不行。这个男客户开始发怒,说你怎么这么不通情理。A姑娘说我怎么不通情理了,你这个材料不全就不行。结果双方连吵带闹气得不得了。A姑娘一脑门子官司地去吃饭,气鼓鼓的吃不下去。跟别人说我刚才又碰到一个疯子,怎么回事儿啊?我这两天怎么这么不顺……

位于右边窗口的是B姑娘,她也碰见了类似的一件事,也是客户没准备好材料,在无法办理的情况下客户开始发飙。B姑娘也不着急,慢条斯理地和那个客户说:您先别急,我看看,能不能想个办法帮您解决一下。我们是有规定的,这些规定我肯定绕不过去,我找找领导,您也看看有什么别的办法没有?客户听到这些话,火气就消了点,双方开始交流,后来发现实在没办法,客户气也消了,不但不发火了,还对B姑娘表示感谢。B姑娘中午吃饭时很高兴,跟

> 别人说我今天碰到一个人,我看他的表现跟我在书上看到的完全一样,真是好有意思,这份工作真让人愉快。

两个姑娘为什么表现得不太一样？A姑娘是见到那个客户生气了之后,她自己也不高兴了,然后客户开始大闹,她更加气愤。B姑娘呢,则很有耐心,慢慢解释,抚慰对方的情绪,让这个客户可以心平气和地离开。那为什么会这样？这两个人的回路是怎么形成的呢？

我们可以假设一下,这两个姑娘的习惯和周围的环境不同。A姑娘喜欢看网络小说,就是"傻白甜"的言情小说,看得非常入迷。看得多了就会将自己代入书里的情景,书中的一些情节就容易被投射到现实生活里。A姑娘就发现,同事都城府很深,自己的生活就像一团麻,但不管生活怎么糟糕,她相信一定会有一个"霸道总裁",在那驾着祥云等着她呢……但"霸道总裁"没来之前呢,她对生活总是提不起劲,刚才那个客户居然还在窗口跟她大喊大叫！自然心情好不了……

B姑娘平时喜欢读书,尤其喜欢读心理学的书籍。最近她看美国心理学家西奥迪尼的《影响力》入了迷。《影响力》这本书里说得清楚,窗口这个人就是由模式化的自动反应（回路系统）支配的,一看事情办不成就发火,不假思索,纯粹按照自己的第一反应来。书中的观点得到了验证，B姑娘很高兴。然后书里还教她怎么处理这种情况——让对方用第二反应和自己对话，成功地安抚了对方的情绪。B姑娘觉得，心理学很有意思，学有所用太高兴了。

说到这儿，你会知道我们的"第一反应回路"是怎么形成的，它和我们所处的社会大环境以及身边的小环境都有关系。

> 你在原单位工资不高，而且一见到公司老板就浑身不舒服！问问身边朋友，朋友劝你换一个工作，但第二份工作又是这样，有一个同事特别讨厌，而且过了一段时间你既没升职也没加薪，怎么办？于是你决定走上创业之路，但创业一直不太顺利，为什么？员工真难管，他们不但没有责任心、习惯性偷懒，而且还不打招呼就离职。你觉得创业太累了，可能不适合你！

这个时候我们要沉下心来，别着急。第一步先承认自己有问题；然后第二步跳出第一反应，用第二反应或第三反应来回顾你的职业生涯。这时，你可能会获得不同的观点。

— Q：为什么会看到领导就不舒服呢？

— A：也许是领导总批评自己不够努力吧。

— Q：你自己是否不够努力？

— A：也许自己真的不够努力。

— Q：创业真的不适合你吗？

— A：创业压力很大，但自己在这种环境中更有动力，而且成长也很快。

— Q：下属为什么不负责任，为什么不打招呼就离职？

— A：关键原因还是待遇低和团队管理不到位。

— Q：待遇低和团队管理的现状能想办法改变吗？

— A：随着业务发展都会逐步改善。

— Q：你还能坚持吗？

— A：能！

— ……

为了跳出自己的"第一反应回路"，摒弃"习惯性思维"，我们要做好两方面的事情：

1. 改造自己身边的小环境。每个人的回路形成都跟我们身边的环境有关，但是我们控制不了这个社会，控制不了大环境，不过我们可以影响身边的小环境，比如说你看什么样的书、交什么样的朋友、上什么样的网站、坚持什么样的生活习惯等。

2. 避免让回路系统来做决策。办法是先放空自己，承认自己可能是错的。最重要的事情都藏在你看不见的地方，跳出自己的第一反应，拿一张纸，写下你的第二反应，看看能不能获得一些新的认知。

这两件事看起来简单做起来难。改变身边的环境需要跳出舒适区、改变原有的习惯，对于多数人来说很难办到——某一次跳出第一反应还可能做到，但持之以恒地用第二反应来看待问题并不容易。我们要改变的不是他人，而是自己。

最佳思维工具

> 人们不会为你做了什么而买单，他们会为"你为什么做"而买单。
>
> ——《从"为什么"开始》（*Start with why*），
> 西蒙·斯涅克（Simon Sinek）

多数情况下，人们很难做到摈弃习惯性思维、跳出自己的第一反应去思考问题。这时候，我们需要一个好的工具——黄金思维圈。黄金思维圈是迄今为止我见过的最简单好用的思维工具。黄金思维圈无法根除你的烦恼，但它的确可以改变你心中的世界，让你的创业之路更加顺利。

先介绍一下黄金思维圈是什么（图 1-3），非常简单，就是"一个 W，一个 H，再加一个 W"——当一件事情摆在面前的时候，先问一个 Why：我为什么要做这件事？然后再问一个 How：这件事究竟是怎样的？最后是一个 What：我要将这件事做成什么样？

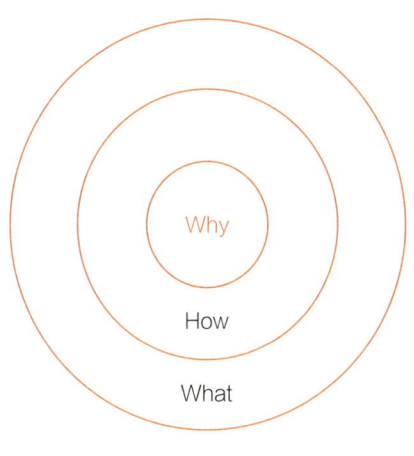

图 1-3　黄金思维圈

参照图 1-3，"一个 W，一个 H，再加一个 W"就是黄金思维圈的全部内容，这时候估计有读者想问："这么简单的思维模式还需要说吗，我平时就是这么想问题的！"

如果你不知道黄金思维圈，并且在没有刻意练习的情况下已经形成了这种思维模式，那你真的很了不起。这种情况极其少见，原因在于它并不符合人类的思维习惯。如果以常见的思维习惯来说，当我们看到眼前发生的一件事情后，会习惯性地先描述这是什么事情，和脑中的回路相结合，迅速决策应该怎么做，即黄金思维圈里面的第二个 W：

— What——我要将这件事做成什么样？

作为心智核武器的黄金思维圈，只是在以上常见思维习惯的基础上加上了一个 Why 和一个 How。

办公室有两个秘书,一般都是总经理直接给她们指派工作。这一天,总经理给两个办公室秘书交代下来,让她们给××客户打个电话,问下他们哪天过来考察。

秘书 A 过了一会儿就汇报说电话打了,××客户说他们周三来考察。总经理继续问,周三上午还是下午啊,要不要去接?A 秘书张口结舌地说电话里没问,我一会再去打个电话问一下。

过了十五分钟左右,秘书 B 过来汇报,说我给××客户的副总经理赵总打了电话,赵总说他们周三下午三点坐高铁到,一共五个人,三男二女,带队的人是××总监。我已经跟车队打好招呼,让他们准备车辆去接。另外跟您请示一下,是否他们到了之后直接安排到公司,请对口的市场部接待并组织会议,您也安排时间参与会见?晚上我定了在××饭店吃饭,您看合适吗?还有,安排他们住××五星级酒店行不行?这几点请您确认一下。

如果这时办公室有个副主任的空缺,这两个秘书哪个人会升职,一目了然。原因很简单,秘书 B 多问了自己一个 W 和一个 H:

- Why:为什么老板让我打这个电话?

── 是因为他想把客户接待这件事安排好。

── How：怎样做好客户接待呢？

── 会议安排 + 用车安排 + 用餐安排 + 住宿安排

── ……

多问一个 Why 和一个 How，就发现了完全不同的天地。秘书 A 没问这个 Why，她就只能机械地打电话，然后向老板汇报。秘书 B 呢，通过 Why 发现了老板的意图，然后轻松地用 How 想清楚了剩下的事情，自然工作非常出彩。

不要小看这么简单的事情，上一节说到，人类的基因促使人类不愿意思考，情愿一按按钮就播放第一反应，职场中大多数人都会按照 A 的思路来工作。

在从事多年企业管理顾问工作后，笔者发现一个规律——你不能完全按照企业的要求来展开你的工作。例如，企业需要研究一下为什么招不到合适的人，招聘部门有什么好办法？管理顾问就开始研究目前企业的招聘方法有什么问题，招聘流程有什么瑕疵，帮助企业找猎头等。但在大量实践之后笔者发现，大多数需要解决的问题和企业提出的问题并不一致。你需要动用黄金思维圈多问几个为什么和是什么才能挖出背后的原因。

── Why：企业为什么招不到合适的人？

── Why：为什么企业情况和目标人才情况对不上？

── How：适合该企业的人才究竟是什么样的？

有时候，招不到合适的人，是因为企业情况和招聘的目标人才对不上，自然招不来也留不住。为什么企业情况和目标人才情况对不上？某企业认为只有211、985院校毕业的大学生才是人才，才能作为后备干部。而实际情况是211、985院校毕业生来了该企业后难以融入企业，即使入职了，没过多久也会离开。最终留下来成为企业骨干的中坚人才大多是普通大学毕业的，他们虽然学历不高，但踏实肯干，和企业的发展阶段相当匹配。所以真正的问题不是招聘问题，而是企业的人才观出了问题。

换句话说，眼前看到的表象并非都是真正的问题，我们可以用黄金思维圈法去思考每一个表象问题背后真正的问题。

朋友说要辞职，让你给他出个主意。这时候你首先要做的不是告诉他"你的工作多好啊，可不要辞职"，而是试着用"Why+How"去找找朋友面临的真正的问题：

— Why：你为什么要辞职？

— 上司太烦了，总是批评我，看到他就头疼。

— Why：他为什么总是批评你？

— 因为他总是觉得我做汇报不清晰，我们之间的沟通不顺畅。

— How：我需要怎么帮你呢？

— 你能不能跟我说说你跟你的上司是怎么沟通的，我学习学习。

这个逻辑对销售人员有直接的帮助。例如，你是个卖吸尘器的销售员，顾客跟你说："你这个品牌卖得太贵了！"很多销售员这时第一反应是告诉顾客"我们卖得不贵,为什么不贵……",结果可以想见,一定是不欢而散。

你用 Why+How 再试试:

— Why:您为什么觉得我们的吸尘器卖得贵呢?

— 那边也有一家卖吸尘器的,虽然质量不如你们这个品牌,但价格便宜好几百元呢。

— How:您看我需要怎么帮您呢?

— 你能否给我打个大折扣?

两句话下来症结点就找到了,原来真正的问题是"顾客想要一个合适的折扣",问题明确了,最后的结果往往就能皆大欢喜。

"江山易改,本性难移",本性指的就是我们的认知模式。黄金思维圈作为思考工具,能够打破思维定式、从工作和生活中获得元认知、摒弃习惯性思维,帮助你以一种旁观者的角度重新审视世界,从而对世事洞若观火、一剑封喉,是很棒的思维核武器。如果你在职场上遇到烦心事,建议从问自己"Why"开始。

反脆弱思维

> 有些事情能从冲击中受益,当暴露在波动性、随机性、混乱和压力、风险和不确定性下时,它们反而能茁壮成长和壮大。
>
> ——《反脆弱》(*Antifragile: Things That Gain from Disorder*),纳西姆·尼古拉斯·塔勒布(Nassim Nicholas Taleb)

塔勒布是笔者敬重的一位智者,他因为对 2008 年金融危机的精准认知(而非预测)而声名大噪。与其畅销书《黑天鹅》(*The Black Swan*)相比,他对事物反脆弱模式的阐发对职场人士有更多启发。

所谓反脆弱,简言之,就是从不确定性中获益。例如,练武的人让人拿大棒击打自身,反而能提高身体的抗击打能力。

反脆弱思维可以在五个方面给管理者以直接启迪。

启迪一:尝试用极限挑战给自己和团队制造压力,提升上限

这要从《反脆弱》这本书中提到的健身方法说起。想练就

1 个人认知篇

好身材，最有效和最省时的方法是挑战你的最大承受能力。书中说道：

"这是最有效和最省时的方法。该方法包括在健身房内先利用一小段时间专注于提高过去的举重纪录，也就是你曾举起过的最大重量，就像最高水位标记一样。这种锻炼以尝试超越纪录一两次为限，而不是把时间花在无聊而耗时的重复尝试上。在拉着器械把手举起 330 磅（1 磅 ≈ 0.4536 千克）重量等级（模拟搬起石头齐腰平）后，我会去休息，而且确信我的身体已经预测到下一次我可能需要提起 335 磅的重量。一次举起 100 磅带来的好处要比分两次，每次举起 50 磅带来的益处更大，当然，也比一次举 1 磅，举上 100 次的益处大。"

这是反脆弱的特性之一——在能够承受的范围内，冲击越强、益处越大。

团队也是如此，无论技术如何先进、专业技能如何稀缺、人心如何稳定，如果缺乏外部的强大压力或冲击力，团队就会慢慢遁入平庸，一旦遭受业务上或者组织上的重大挫折，可能就会一蹶不振。所以笔者经常建议管理者"折腾"自己的团队（在健康的前提下），包括给骨干人员压担子、设立极限指标。这样一旦挑战成功，团队的上限就会提升。就像书中的例子所说，当你成功举起 330 磅的重量之后，你的身体会为下次挑战举起 335 磅做好准备。

当然，要在极限挑战之后让团队或组织有较长的恢复期，让压力有转变为信息的时间。反脆弱思维强调：压力即信息。

启迪二：向死而生，时刻拥有危机意识

优秀的管理者和团队都应该有很强的危机意识。《反脆弱》书中讲到，有一对孪生兄弟，他们都住在大伦敦地区。一位是出租车司机，另一位是一家大银行的中层干部。开出租的兄弟虽然收入不稳定，但他能直面市场，随时调整自己的行为，其反脆弱性相当高；与之相对的是他的兄弟，他的工作看似极为稳定，但2008年金融危机爆发，直接终结了他以为能延续到退休的职业生涯——职场中人应该能从中吸取教训。

"向死而生"是学者陈嘉映在翻译德国哲学家马丁·海德格尔（Martin Heidegger）著作《存在与时间》（*Sein und Zeit*）时创造的词。其含义是人有诸多可能性，但有一个事件必然发生，那就是死亡，人人都是向死而生。它强调人要追问"存在"，直面死亡（正视危机），从而珍视生存的价值。

许多管理者喜欢谈成就、谈表面光鲜的事情，比如关于远大的抱负、关于业务的远见卓识、关于管理的洞见、关于内部氛围的积极向上等。笔者认为，谈这些没有问题，但管理者骨子里必须时时刻刻保持危机意识。华为总裁任正非在《华为的冬天》一文中说道："十年来我天天思考的都是失败，对成功视而不见，也没有什么荣誉感、自豪感，而是危机感。也许是这样（华为）才存活了十年"[1]。

---

[1] 摘自华为公司内刊《管理优化》2001年2月刊中的文章《华为的冬天》，作者任正非。

反脆弱思维明确告诉我们，如果管理者眼中只有取得的成就，缺乏危机意识，那么，说不定达摩克利斯之剑落下之时，就是管理者的职业生涯终结之日。

启迪三：减少过度管理，拥抱不确定性

美国管理学者加里·哈默尔（Gary Hamel）在《哈佛商业评论》（*Harvard Business Review*）上说："让我们解雇所有的管理者！"他认为，因为过度管理，在企业中充斥着不必要的管理层级和冗余的管理人员，阻碍了信息的快速流动——这些都是"管理税"，严重降低了企业管理的效率、挫伤了员工的主观能动性。

成功的大中型企业容易陷入过度管理的大坑，其内部组织设计得过于精密，习惯于用原有的成功经验应对新的需求。在这些企业中，领导或者上级做了很多他们不应该做的事情，按照塔勒布的说法，这是"系统性平整世界的凹凸不平"，费力不讨好。这也是亚马逊创始人贝佐斯强调"Day 1"的原因。

管理者如何拥抱不确定性呢？很简单，管理者应该放弃控制的欲望，将权力从手中下放到中层和基层（不是授权而是放权），让员工自行管理、自行组织。西方管理学界和心理学界多年来一直在用实验和实证的方式研究这种模式，研究表明，在科技创业企业中，员工更加需要掌控感，唯有如此，他们才有自我驱动的意愿，这种意愿直接面向市场的不确定性，让企

业充满活力，有效应对乌卡时代（VUCA）①的不确定性挑战，从波动和压力中受益，拉动企业飞速增长。

启迪四：允许犯错，为失败而喝彩

最成功的创新者认为，创新需要持续不断且迅速迭代的实验、测试、假设和支点，这意味着失败和错误率高得惊人，几乎不可能有人第一次就做对。正因为创新的艰难，所以需要包容失败和迎接失败。

芬兰游戏公司Supercell（已被腾讯收购）是历史上最成功的游戏开发公司之一，它在全球推出的每一款游戏都是爆款（包括《部落冲突》《海岛奇兵》等），2016年芬兰人缴纳个人所得税最多的十个人里，有七个来自Supercell公司。其CEO埃卡·潘纳宁（Ilkka Paananen）在2019年的腾讯文创大会上讲道："在开发过程中必然会遇到失败的产品，我们会毫不犹豫将其砍掉，每砍掉一个不成功的游戏，我们都会用香槟酒庆祝。"这种文化是鼓励创新、鼓励冒险的最好的文化。同理，比Supercell公司规模更大的维尔福公司（Valve）也会定期举办活动来"庆祝"错误，同样取得了很好的效果。

从另一个角度看，失败真的是成功之母吗？

塔勒布不这么认为，他用两张图说明了波动后究竟是会有

---

① 乌卡时代（VUCA）是volatile, uncertain, complex, ambiguous四个单词的首字母缩写，是指我们正处于一个充满易变性、不确定性、复杂性、模糊性的世界之中。

收益还是会有损失（图 1-4）：

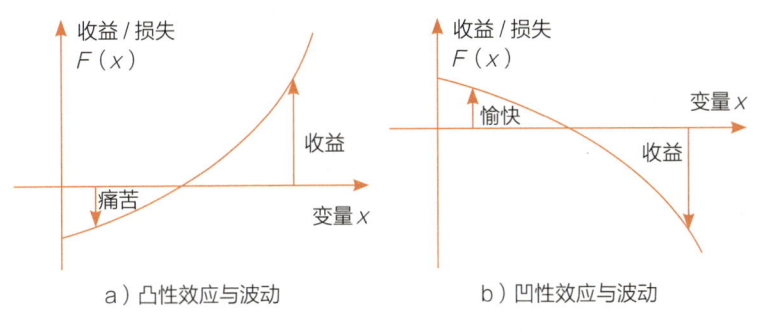

a）凸性效应与波动　　　b）凹性效应与波动

图 1-4　凸性效应与凹性效应

可以看到，只有在凸性效应的情况下，失败才是成功之母。

凸性效应与凹性效应都是非线性效应，当事物具有反脆弱性的时候，凸性效应起作用。Supercell 公司的成功正是在于它将开发游戏这件事打造成一个具备反脆弱性的凸性过程，即允许犯错、为失败喝彩、持续尝试。

启迪五：试错、小步快跑、不断迭代

为了降低失败带来的风险，管理者需要试错、小步快跑和不断迭代。

首先，试错是有方向的。在一个对远期目标比较确定的环境中（例如，满足某类型客户的某种需求、达成某个指标），每次尝试都会更接近目标，失败的尝试并非无用，而是会通过不断反馈和修正逐渐摸索出正确的方向。

其次，小步快跑的概念是连续的、细小的、局部的推进。

这样的话，即使犯错风险也相对较小，同时还能提升整体的反脆弱性。举个反例，某官僚机构从上到下指挥所有人进行一项投资庞大的科研计划，可以预计的是，一旦有较大的波动发生，就会产生全线崩塌的后果。

最后，迭代是无定向的。产品根据外部需求和环境不断调整，也许产品的某些版本是脆弱的，但通过不断迭代，这些脆弱的版本能够让最终产品具有反脆弱性（这与生命进化的逻辑相同）。

逻辑思维能力

某公司总裁曾在一个直播访谈节目中谈到了公司用人的选聘标准,其中一个重要的能力是逻辑能力,他说,绝大多数中国学生不具备逻辑能力,其中包括了多数名校毕业生。

说到这里,姑且不论他所持观点到底是什么以及是否正确,但他首先犯了一个概念上的错误。

读者可以设想这样一个情境:

> 在茫茫的稀树草原上,一个原始部落的小男孩正在仰望星空,他正在试图理解外部世界和自身,他对自己通过五官收集来的信息迷惑不解,但听着母亲给他讲部落世代相传的神话故事,他的脸上露出了笑容,似乎开始逐渐理解和适应自己的存在和外部的世界。

在古希腊文明中有一个非常重要的概念叫"逻各斯"(Logos),这个词的含义有点像中国文明的"道",深邃、模糊、复杂、宏大，充塞于天地之间。在《柯林斯英汉大词典》中，它被译为"上帝的语言"（the divine word of God）。细究"逻各斯"的词义，它首先有一层"聚集"的语义，其次它还有"表达"的语义，再次则有"法则"的含义，如果我们把这三层含义放到一起，就很像上例那个情境——小男孩通过信息搜集、通过语言的方式对信息进行有序编辑，在理性思维层面形成对世界法则的理解。

逻辑（Logic）是逻各斯的衍生词，如果说逻各斯是宇宙万物的法则的话，那么逻辑就是人类理解逻各斯的桥梁之一。经过亿万年的进化，一些基础逻辑（认知）规律被内化于我们的基因之中，孩子一生下来就能够通过逻辑寻找生存所需的资料。换句话说，最基础的逻辑能力是一种本能的、先验的。无论是身为万物灵长的人类还是各类动物，在其基因的深处都镌刻着基本的逻辑能力。

这种逻辑能力具体包含什么呢？

古希腊先哲亚里士多德从人类的行为中总结出了（形式）逻辑的三大规律：

- **同一律**：A=A，即基本的辨识能力，能够分辨出自然界的物质，石头就是石头、香蕉就是香蕉、羚羊就是羚羊。
- **排中律**：A=B 或 A≠B，没有中间选项，由此能够进一步辨识出物质属性，石头≠食物、香蕉=食物。
- **无矛盾律**：A=B 和 A≠B 不能同时存在。如果香蕉是食物，那么香蕉就不能不是食物。

300多年前，德国哲学家莱布尼茨在三大规律的基础上又加了一条：

- **充足理由律**：任何事物都有其存在的理由。如果我们将其理解为因果论的话，那么充足理由律讲的就是"有果必有因"的先验论观点。

这四大规律是动物（人类）天生自然具备的。以捕食为例，一只年幼的猴子也知道树上的香蕉是可以吃的，狮子用三大规律来选择草原上的猎物，黑熊在冬眠之前"贴秋膘"的行为完全遵循了三大规律和充足理由律。在自然生物演化的路上，逻辑能力已经存在了数亿年，它并非人类所独有。

从以上论述来看，人类天生具备基本的逻辑能力，所以说中国学生不具备逻辑能力属于概念错误，按照笔者的理解，他想表达的意思是中国学生的逻辑思维能力较低。然而，逻辑能力和逻辑思维能力是不同的。

首先，什么是思维？

《柯林斯英汉大词典》对"思维"（thinking）的解释是"Thinking is the activity of using your brain by considering a problem or possibility or creating an idea"，这个解释沿袭了英国哲学家约翰·洛克（John Locke）的说法，即思维的目的在于获取认知。人对外部世界的认识有一个过程，从感受外部的信息到形成自身的记忆，从而组织语言表达（不见得是对他人说话，可以是文字，也可以在心中对自己说），最终用理性（逻辑思考和资源计算）对之进行处理——认知最后的理性处理过程我们称之为思维，思维是人类认知过程的高级形态（图1-5）。

感觉 → 知觉 → 记忆 → 语言 → 思维

图1-5 人类认知过程

那么，什么是逻辑思维？

显然，它是将人类天生具备的基本逻辑能力与逻辑思维能力叠加，通过概念、分析和推理，形成对外部的认知，这种思维方式被称为"逻辑思维"、"抽象思维"或"闭上眼睛的思维"。典型的逻辑思维包括亚里士多德的三段论：

— （大前提）：凡人都会死。
— （小前提）：苏格拉底是人。
— （结论）：苏格拉底会死。

以演绎为核心的三段论能够明确问题的清晰概念，对问题进行深入判断和理性推理，逻辑思维从此成为人类认识外部世界的利器。在古希腊数学家欧几里得的《几何原本》中，五条公理和五条公设环环相扣，精密演绎推进，其公理方法和逻辑思维体系极其深刻地影响了世界数学和科学体系的发展。直到今天，现代人仍然深受古希腊逻辑思维体系的影响。

由于文化差异，一些人的逻辑思维能力较弱。

举个常见的例子，大街上一个骑电动车的小伙子被警察抓住，因为电动车没挂牌照上路，要被罚款处理，小伙子愤愤不

> 1 个人认知篇 ✓

平,大声质问警察说:"满大街都是电动车,好多车都没有牌照,为什么只查我?"按照三段论,小伙子的思维如下:

- (大前提):有很多不申请牌照的电动车(上路行驶)没有被罚款。
- (小前提):我的电动车也没有申请牌照(上路行驶)。
- (结论):我的电动车不应该被罚款。

闭上眼睛想想,我们会发现这是一个典型的三段论谬误,违反了"中项至少周延一次",如果大前提是"所有不申请牌照的电动车都不应该被罚款",那么才可以得出"我的电动车不应该被罚款"的结论。

那么,认为中国学生的逻辑思维能力弱,就是认为国外学生的逻辑思维能力强吗?这涉及教育体制和课程设置的问题,很多国家学生的逻辑思维能力未必比中国学生强。

加利福尼亚州的学生从小到大要学习一门被称为"公共说理"的课程(美国每个州都有不同的课程政策),这个课程不但教会了加利福尼亚州的学生用逻辑思维进行辩论、吵架,还教会了他们什么是社会公正,什么是媒体宣传,什么是不当推理和逻辑谬误。

说理教育中尤其注重提醒学生关注媒体宣传中的逻辑谬误,在六年级学生学习的课程中,明确告诉学生媒体宣传会利用普通人逻辑思维的漏洞进行误导,具体手法包括十种:人云亦云、谩骂、偏见、势利、老百姓的话、吹嘘、"科学"根据、证词、恫吓战术、株连。国内公众号文章的标题对这些宣传手法进行了生动的诠释：

— 它毁了无数"90后"童年，无数人看完却哈哈哈

— 你什么时间睡，就是什么命

— 你的一生，早就被你的高中老师剧透了

— 无论多忙，都要从这五个方面拯救你的健康

— 科学证明，灵魂真实存在！

— ……

此外，说理教育中强调区分"事实"和"看法"。所谓"事实"，是客观上发生的以及正在发生的事情，比如说"5月15日下午2:00北京市朝阳区下了中雨"等，事实展现的是比较准确的客观信息，它是思维的基础。与"事实"相对的是"看法"，所谓"看法"，是指某人对某事的判断，判断可以基于不同的立场、诉诸当时的感受、表达个体的情绪、承袭权威的观点，比如说"作为当事人我很愤怒、这部电影真是太烂了、老师说不能抄作业、少吃主食可以减肥"等。

说理教育区分"事实"和"看法"的目的是要告诉学生，"看法"必须基于事实、经过逻辑思维来证明而不能自证。在工作和生活中，我们不能只讲看法而不讲事实。国内有很多"大V"在各类媒体上散布着各种各样的观点和看法。在这些"大V"的微博、公众号或者抖音中，经常能看到他们用过度简单化和无凭据推理的模式、嘲讽的语气充分表达着他们的看法，显然，这些"大V"更加关注流量而非事实是什么。不得不遗憾地指出，他们的许多观点都有着数万的点赞量和大量应

声附和的评论。

在大量看客围观的公共事件中，极少有人能看到事实的主要面貌（没有人能看到全貌，所有的事情在一定程度上都是模糊的）。即使是亲历者，如果事件比较复杂或他的观察和分析能力不足，他也很难指出事实的主要面貌究竟是什么。作为看客，能做到的只是去了解事实，然后审慎地在明确立场的前提下发表一点看法或者干脆不发表看法，这也是"专业人做专业事"背后的主要原因。

成长性思维

> 心智模式是深植于我们心灵之中，关于我们自己、别人、组织以及世界每个层面的形象、假设和故事。就好像一块玻璃微妙地扭曲了我们的视野一样，心智模式也决定了我们对世界的看法。
>
> ——《第五项修炼》(*The Fifth Discipline: The Art & Practice of the Learning Organization*)，彼得·圣吉（Peter Senge）

不知道你对人的"天赋"怎么看？

"天赋"这个词在英语里是"Gift"，意思是来自上帝的礼物。抱持这种观点的人认为正是因为天赋让人和人之间有巨大差异，也让我们和他人对比的时候不那么沮丧——人的多数成就是基因决定的，某些"聪明人"和"天才"在某些方面有我们普通人不可企及的天赋！

不过，事实可能和你想象的不一样，在美国心理学家安德斯·艾利克森（Anders Ericsson）的《刻意练习》(*PEAK: Secrets from the New Science of Expertise*)中举了一个莫扎特的例子。莫扎特是公认的音乐天才,其天才表现之一是"完美音高"。所谓完美音高,就是可以辨认任何和弦中的音符,判断乐器音高的极微小变化,或者极为轻松地挑出乐谱中的错音。在7岁的时候,除了所有的乐器,他还可以分辨任何足够像音乐的声音的音调,比如时钟的报时声、大钟的鸣响以及人们打喷嚏的声响!当时大多数音乐家在这方面都无法与莫扎特匹敌。

我们很容易理解,莫扎特是上帝的宠儿,完美音高是上帝赋予他的礼物。在一万人里面,只有一个人可能拥有此种能力,真正的万里挑一。但是,日本的一项实验打破了这个神话。

2014年,东京的一音会(Ichionkai Music School)开展了一项实验,并将实验结果在《音乐心理学》(*Psychology of Music*)杂志上发表,揭示了完美音高的真正特性。日本心理学家榊原彩子(Ayako Sakakibara)招募了24个年龄为2~6岁的孩子,组织他们进行长达数月的训练,目的是教他们如何通过声音来辨别钢琴上弹奏的各种各样的和弦。这些和弦全都是带3个音高的大和弦,比如带中央C、E和G音符的C大调和弦,后两者的音高,高于中央C。

研究人员给孩子们上了四五节时间较短的训练课,每节课仅持续几分钟,一直训练到孩子们能够辨别榊原彩子选择的所有14组和弦为止。有些孩子在不到一年的时间里完成了练习,另一些则花了一年半时间。然后,一旦某个孩子学会了辨别那

14组和弦，榊原彩子便会对他进行测试，以观察他能否正确说出单首和弦的音高。完成了训练之后，参与研究的每个孩子都被培养出了完美音高，并且可以辨别出在钢琴上弹奏的单曲音高。

这是一个令人震惊的结果。尽管在正常条件下，每万人中只有1人具有完美音高，但参加了榊原彩子研究项目的那些孩子，却个个拥有完美音高。这显然意味着完美音高根本谈不上是只有幸运的少数人才拥有的天赋，而是一种只要经过适度的接触和训练，几乎人人都可以培养和发展的能力。这项研究彻底颠覆了我们对天赋的理解。固然，人与人之间有着丰富的多样性，但这并不是说某人具有某种"上帝馈赠的礼物"，并由此和其他人形成巨大差别。

在某人年幼的时候，经常有人（一般是老人或成年人）对他的未来进行推断和评价，绝大多数情况下都是臆断，比如说，进化论的奠基人达尔文和俄国文学巨匠托尔斯泰幼年时都被认为毫无灵气；老牌演技派明星、奥斯卡奖获得者杰拉丹·佩奇（Geraldine Page）年轻时由于缺乏天赋，被人建议放弃当演员的梦想。

和我们想象中不同，真正和人未来成就密切相关的不是他的天赋，而是其心智模式！

为什么有的人能够愈挫愈勇？

> 为什么有的人更愿意突破自己的舒适区,探索未知的世界?
>
> 为什么有的人能够坚持不懈地为一个目标而努力?
>
> ……

直白一点说,心智模式就是我们对身边发生事情的看法以及决策。

试想一下,你在工作几年之后上了个工商管理硕士(MBA),一门对你很重要的课程期中考试的结果揭晓了,你差一分没有及格。你沮丧地走到自己的车旁,又发现由于违规停车被警察贴了罚单。开车回家的路上,由于开车并道还被人臭骂了一顿。你打电话给最好的朋友想倾诉一番,结果打了两个也没打通,打第三个的时候他居然给拒听了!

这时的你会怎么想,会怎么做?

有的人在沮丧之下,会觉得"我是个失败者""我感到自己没有用而且愚蠢透顶""这个世界怎么了?"回去之后,往床上一躺什么都不想干,或者找一个人少的酒吧默默地喝闷酒。

这种心智模式被称为"固定型思维",固定型思维将外部挫折直接导向自身——是因为自己的问题导致了不顺利——学习不够努力导致成绩不佳、找不着停车位导致被罚款、乱并道导致挨骂、不善于维护友情导致被挂断电话……

与"固定型思维"相对应的心智模式则是笔者要着重强调

的"成长型思维"，两者的不同主要有以下三个方面。

不同之一：固定和变化

固定型思维认为一切都是固定的，比如说智力，固定型思维认为自己的智力是天生的，固定在某一个数值。成长型思维则不然，认为一切都在变动之中。实际情况也是如此，比如说参加一个乐队一段时间后音乐审美力会大幅上升、团队在紧密合作获得胜利后人际交往力会有所提升。

还有一个典型的例子是爱情。固定型思维的人认为，爱情就是找到对的人，然后王子和公主就天长地久幸福地生活在一起。实际情况当然不是这样，爱情是两个人共同创造的，也需要两个人共同维护，没有完美的另一半，只有在生命不同阶段中不断变化的另一半。因此，具备成长型思维，不断调整自己的心态去拥抱另一半的变化才是真正的爱情保鲜之道。

不同之二：轻易放弃和坚持不懈

绝大多数事情都不会一帆风顺，当遇上挫折，固定型思维的人就会垂头丧气，失去斗志从而放弃目标；成长型思维的人则将外部的挫折（负反馈）视为一种提醒——成绩不佳表明学习方法有问题、被罚款促使自己下次必须找到正规的停车位、被挂电话可能是因为朋友遇到什么麻烦事了。

事实上，反馈是外部世界对我们行为的回应，没有反馈你根本不知道问题何在。如果你把关注点聚焦在自己身上，将所有挫折（负反馈）归因于自身，那么"放弃治疗"和"躺平"似乎是最好的选择，但如果你把关注点聚焦在外部世界对我们行为的回应上,并且将正反馈和负反馈都转化为正向行为(越是杰出的人越善于将负反馈转变为正向行为),你会发现事情并没有那么糟。这是轻易放弃和坚持不懈两种行为背后的原因。

不同之三:关注过程和关注结果

拥有固定型思维的人关注结果、害怕失败,害怕被他人嘲笑和否定,因此他们在生活、工作之中显得很被动,不敢去主动尝试,总是不愿意走出自己的舒适区——给自己贴标签设限(本质是怕产生不好的结果),其中典型的做法是说自己不行:

— 我不适合上台演讲,人一多我讲话就有障碍。
— 我看见数学公式就头疼。
— 我天生五音不全,唱歌总会跑调。
— 我手可笨了,换个灯泡都换不好。
— 我在陌生人面前说话结巴。
— ……

拥有成长型思维的人恰好相反,他们关注过程,偶尔关注结果。事实上,"是否努力过"和"是否达成目标"是两个维度的事情,这也是在企业中,OKR绩效管理模式比KPI模式更能激发员工自驱力的原因。关注过程的人会更加主动,更愿意尝试新方法和新模式。

可以说,成长型思维,即关注过程、坚持不懈、拥抱变化是职场人成功的先决条件。每天、每周、每月、每年,发生在我们身边的事情很多,我们如何看待它们、如何决策、如何行动，对成长型思维的运用决定了我们事业和生活的走向。

培养成长型思维，可以从以下一些小练习开始：

- 给自己定个小目标（比如完全不跑调地唱三首歌）。
- 每天给自己半个小时专注于不擅长的事。
- 找一个朋友给你提供反馈。
- 在与不喜欢的人交谈时克服不舒服的感觉，倾听他的意见。
- 每周找一天高强度重复练习（工作、健身、爱好均可）。

业务认知篇

2

抓住事物的牛鼻子

> 在复杂的事物的发展过程中,有许多的矛盾存在,其中必有一种是主要的矛盾,由于它的存在和发展规定或影响着其他矛盾的存在和发展。
>
> ——《矛盾论》,毛泽东

管理者的特点就是忙,尤其是在业务蒸蒸日上的企业中当管理者——要去和客户洽谈、合作伙伴要进行关系维护、关键人才需要面试、各种会议需要参与讨论乃至拍板——一家优秀企业的管理者,不得不同时面对手头的短期任务、企业的中期考核和老板的长期关注。一边应对复杂的人际关系网,一边解决内部团队人员出现的问题,让刚刚升任经理的经验匮乏者和一些已经颇有经验的资深管理者都焦头烂额,到处忙于救火。

对此,可以用"牛鼻子思维"抓住事物的主要矛盾或者矛盾的主要方面,只处理其中最重要的那部分,其他问题淡化处理,等有时间或有机会再另行处理——无论牛要往哪儿去,牵住它的鼻子它就只能跟着牧童走。

不过,让人苦恼的是,企业面临的现实都是复杂系统,在纷繁复杂、矛盾重重的复杂系统之中，找到什么是最重要的事难度极大。

在联想的发展早期，柳传志"躲"进医院，才在众多线头中找到了那件最重要的事：

> 1994年，柳传志因为神经衰弱，不得不在医院住了70多天。据柳传志自己回忆："当时只要回到公司，就会面临很多日常事务，而且每一件事情都很复杂、都需要解决，很闹心。所以我就干脆'躲'在医院，把最主要的事情先处理完再回去。当主要问题解决了，其他很多事情，就全都迎刃而解了。"柳传志找到的这个主要问题就是联想公司到底要向什么方向发展，是做自有品牌还是继续代理业务？与此相比，高层之间的矛盾、在香港的上市问题都是次要问题。经过静下心来反复思索，以及在医院与核心班子开务虚会反复讨论，柳传志终于决定成立微机事业部，任命年轻的杨元庆担任微机事业部总经理。之后联想围绕这个"牛鼻子"投入了企业的大部分资源和管理层的大部分精力。抓住了这个"牛鼻子"，联想公司遂在2008年成为首家跻身世界500强的中国大陆民营企业。

美国创业者加里·凯勒（Gary Keller）在顿悟之中抓住了企业的牛鼻子，为此他辞去了公司的首席执行官一职（仍然是大股东），把时间和精力全部放到寻找和培养企业关键岗位的14个关键人身上，回报则是在接下来的10年间，他的企业以平均40%的速度增长。

我的同事在为咨询企业进行管理咨询服务时曾经提出过这样的问题："我们在企业中应该帮助企业做小事还是帮助企业做大事？"这是一个挺好的问题，管理者也应该时常问自己这个问题："我应该干大事还是小事？"

实际上，我认为，绝大多数时间内，我们只有为大事付出努力才能带来有意义的结果。如果你给自己定的目标只是让销量增长5%，不需要付出太多努力就可以完成（正常情况下），那么该目标绝对无法引领你找到当前情境中的牛鼻子。只有做困难的事情、有挑战的事情、追求一个宏大的目标才会迫使你重新梳理眼前的现实，认清当前究竟什么事情才是最重要的——比如说让产品销量在半年内增加一倍（目标既大又具体，图2-1）！

围绕一个有挑战性的目标，我们可以将它细化，甚至细化到每一天的工作，然后用倒推的方式找到当前的牛鼻子问题和阶段性的牛鼻子问题。以多米诺骨牌做一个形象的比喻——当下要做的事是第一张多米诺骨牌，每天用多数精力去完成你的重要目标，并由此接近周目标、月目标和年度目标——这些目标就像是一群牛，你要做的就是牵住它们的牛鼻子。

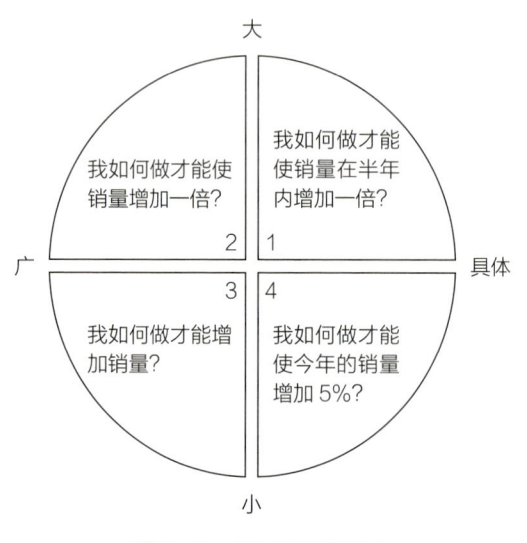

```
              大
        ┌──────────┐
        │ 我如何做才能 │ 我如何做才能
        │ 销量增加一倍? │ 使销量在半年
        │          │ 内增加一倍?
   广  ──┤  2    1  ├── 具体
        │  3    4  │
        │ 我如何做才能增 │ 我如何做才能
        │ 加销量?    │ 使今年的销量
        │          │ 增加5%?
        └──────────┘
              小
```

图 2-1 确定最重要的事

至于究竟什么样的问题才是复杂现实中的牛鼻子问题，每家企业都有不同的发展阶段和不同的情境。管理者要想真正抓住牛鼻子问题，必须要静下心来反复与身边的人深入研讨，去剖开层层迷雾，看清现象后的本质。始终要记住的是，牛鼻子只有一个，没有哪头牛会长两个或两个以上的鼻子。

之所以将"牛鼻子思维"专门拿出来讲，是因为我们太容易被现实裹挟，出现在《第五项修炼》中所说的"舍本逐末"基模，即当我们遇到问题的时候，总是会采用一些简便、立即见效的解决办法，不幸的是这些方法只能缓解症状、无法解决真正的问题，长此以往，管理者会逐渐沉溺于处理日常事务，鲜有建树。

先难后易思维

> 做事多而快代替不了做该做的事。
> ——《要事第一》(First Thing First)，斯蒂芬·科维 (Stephen Covey)

假如上司交给你一个项目，让你教会你的狗给二十六个字母排序，同时也要教会狗用嘴接飞盘。这两者虽然看起来不一样，但却是一个项目的两部分。接到这个任务，你准备怎么做呢？

绝大部分人会先训练狗接飞盘，这样一来，当上司询问的时候，就不会显得你一点儿成果都没有，甚至还能获得上司的夸奖："这只狗动作利落，飞盘接得真不错！"但你心里知道，教会狗给二十六个字母排序还没完成，也许永远也不会完成。在职场中，很多项目都在一次次地重复着这样的故事。

我们为了满足自己的成就感（以及糊弄上级），不断选择做自己擅长的事情，在推进项目的同时还觉得自己效率很高——事实是，项目中最困难的部分没人愿意做。换句话说，狗已经能参加专业的接飞盘比赛了，但给二十六个字母排序的任务还是没有一点进展。

如果你是一个对互联网技术和市场都有所了解的人，当你开始创业时，是先接个地推的活儿挣点钱还是集结几个高手研发一款厉害的产品出来？有时候，选前者也许是对的，因为它更容易让企业活下来。但是，当拿到了第一桶金后，你大概率会沿着之前获得成功的道路不断前行，接下来你会进入一个门槛很低、毛利微薄、竞争无序的市场之中；而如果你选择产品开发，企业中途死亡的概率很高，也许你还会被逼得卖房子发工资，但一旦挺过这个阶段，投资公司会纷至沓来，抢着给你的企业投资。

换句话说，开始做简单的事情，路容易越走越窄；而开始做难的事，路则会越走越宽。当你的狗会给 26 个字母排序了，职场上的核心竞争力也就建立起来了。总的来说，无论是创业还是做项目、做业务，都有点儿像吃甘蔗，看你愿意从哪头开始吃，笔者的建议是先难后易、先苦后甜。

大多数人都知道时间管理优先矩阵（图 2-2）：

在矩阵中，如果你过分重视象限一的事务，那么它们涉及的范围会越来越大（救火而火不尽），最终你会非常忙，被各种事情裹挟，疲于奔命。著名管理学者史蒂芬·柯维（Stephen Covey）称这种模式为"嗜急成瘾"。这种模式让你从解决紧迫的问题中得到了暂时的快感（忙碌的感觉让人充实），忙碌甚至成了一种社会地位的象征，让很多人羞于承认自己不忙。与此同时，忙碌也是逃避真正重要事情的好借口。

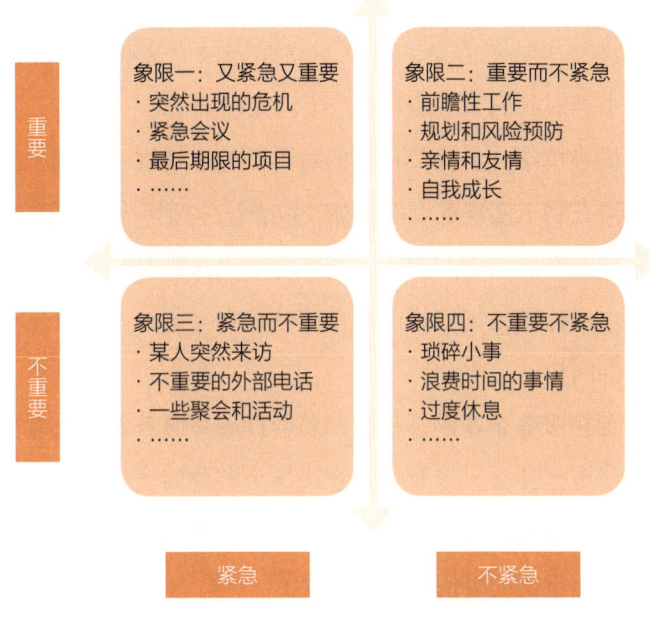

	紧急	不紧急
重要	象限一：又紧急又重要 ·突然出现的危机 ·紧急会议 ·最后期限的项目 ·……	象限二：重要而不紧急 ·前瞻性工作 ·规划和风险预防 ·亲情和友情 ·自我成长 ·……
不重要	象限三：紧急而不重要 ·某人突然来访 ·不重要的外部电话 ·一些聚会和活动 ·……	象限四：不重要不紧急 ·琐碎小事 ·浪费时间的事情 ·过度休息 ·……

图 2-2　时间管理优先矩阵

柯维在其畅销书《高效能人士的七个习惯》(*The 7 Habits of Highly Effective People*) 中强调"要事第一"，他要求每个人仔细琢磨以下两个问题：

— 有哪些事情能够使你的个人生活彻底改善，但是你一直没有去做？

— 有哪些事情能够使你的工作局面彻底改善，但是你一直没有去做？

如果真有这样的事情，为什么不去做呢？

也许有三个原因：

1. 这些事情不着急，可以不立即去做（这些事情即使不做，也不会对我们当下的状态产生巨大影响）。

2. 畏难情绪加上犯懒让我们对难做的事情视而不见，虽然这些事情有利于实现远大的目标，或者让生活多彩而有意义。

3. 你陷在所谓的"现实力场"之中无法脱身！如果是这样的话，也许你需要把柯维的两个问题贴在办公桌上，每隔一段时间就询问自己一次。

笔者在服务企业的过程中，总会提醒被服务者要思考当前的首要任务是什么，以及他在解决这个首要问题上花了多少精力，并且告诉他，最终的绩效体现并不在于做了多少事，而在于某件难而重要的事情是否做到位了。

李云龙带来的启示

> 逢敌必亮剑，倒在对手的剑下不丢脸，丢脸的是不敢亮剑。
>
> ——《亮剑》，梁战（笔名都梁）

电视剧《亮剑》的最后一集，主角李云龙有一段演讲，内容很精彩，摘录如下：

> 同志们，我先来解释一下什么叫"亮剑"。古代剑客们在与对手狭路相逢时，无论对手有多么强大，就算对方是天下第一剑客，明知不敌，也要亮出自己的宝剑，即使倒在对手的剑下，也虽败犹荣，这就是亮剑精神！
>
> 事实证明，一支具有优良传统的部队，往往具有培养英雄的土壤。英雄或是优秀军人的出现，往往是由集体形式出现而不是由个体形式出现，理由很简单，他们受到同样传统的影响，养成了同样的性格和

> 气质。例如：第二次世界大战时，苏联空军第十六航空团，P-39飞蛇战斗机大队，竟产生了二十名获得"苏联英雄"称号的王牌飞行员；与此同时，苏联空军某部施罗德飞行中队产生了二十一名获得"苏联英雄"称号的模范飞行员。
>
> 任何一支部队都有自己的传统，传统是什么，传统是一种性格，是一种气质，这种传统和性格是由这支部队组建时首任军事首长的性格和气质决定的，他给这支部队注入了灵魂，从此，不管岁月流逝，人员更迭，这支部队灵魂永在！
>
> 同志们，这是什么？这就是我们的军魂！
>
> 我们进行了二十二年的武装斗争，从弱小逐渐走向强大，我们靠的是什么？我们靠的就是这种军魂，我们靠的就是我们军队广大指战员的战斗意志！纵然是敌众我寡，纵然是深陷重围，但是，我们敢于亮剑！我们敢于战斗到最后一个人！

这段短小的演讲谈了一个观点——首任军事首长给军队注入灵魂，灵魂形成了军队的传统，优良传统培养出了集体英雄主义，有了军魂和传统的军队敢于向强大的对手亮剑！

在职场中经常会在某个环节碰上硬骨头，要么是在招标时遇到强大得让人心生无力的竞争对手，要么是一座拦在正前方的技术碉堡，要么是一个突发事件让人措手不及。翻过这道坎，前面也许就是阳关大道，也许就是鸟语花香；翻不过去，也许是投标失败，也许是延期交付，也许是令人黯然神伤的职场败绩。决定这些的，除了能力、机遇和运气之外，就是管理者给团队注入了什么样的灵魂。

本节要谈的并非是那些玄而又玄的精神因素，而是要解析两个问题：

— 如何让团队面对强大对手敢于亮剑？
— 面对强大对手时如何亮剑？

> 20世纪90年代初，联想公司的销售额持续增长，微机代理业务利润高企。但是到了1992年，风云突变。中国的改革开放站上了一个新台阶，各种对外开放的举措骤然加速，在计算机方面，政府宣布取消微型计算机的进口调节税，同时把微机的关税从50%调整到20%，然后很快又将微机关税税率调整到9%（调整前计算机整机进口的关税税率是200%），微机整机进口的大门完全打开了。
>
> 这意味着中国的品牌微机市场变成国际市场。在极短的时间内，国际大企业、大厂商涌入中国，IBM、惠普、康柏、AST、Acer开始和国内厂商站在同一个起跑线上。另一方面，很多原来没有进口许可

> 证、拿不到进口手续许可证的国内企业，也开始进入微机市场。对于中关村的一批微机厂商企业来讲，他们一夜之间突然发现前有狼后有虎，不但毛利被腰斩，而且销售额直接跌到冰点。
>
> 怎么办？
>
> 柳传志拉上核心骨干十几个人到北京西郊的龙泉宾馆，开了一个十天的闭门会议，联想企业史称为京郊龙泉会议。

拉上领导班子和骨干开闭门会议是企业遇见重大问题和重大危机的时候，一定要做的事情，目的是统一思想、亮出宝剑。管理者要知道，只有用集体深度研讨的方式得出的结论才是真正能够执行下去的，因为领导班子和骨干对这个结论是怎么得出来的一清二楚，他们也在其中贡献了自己的智慧。影视剧中，领袖才智卓绝、高瞻远瞩，大手一挥，下属负责执行，最终取得胜利，这在现实中是行不通的。现实的剧本应该是：局面越危险，越需要让多数人甚至所有人都了解情况、参与意见。"军魂"既与核心管理者相关，也与团队中的每一个人相关。

> **联想京郊龙泉会议定了一个基调——黑色风暴带**

来了巨大的风险，但对联想来讲同样是巨大的机会，联想要鲤鱼跳龙门，只要过了这一关，联想就不再是一条小鱼了，而是从鱼化龙。这个调子得到所有人的一致认可，大家激情澎湃——亮剑的基础有了！

在李勤带领下，团队制订了执行计划，执行计划的核心是放弃超高的毛利率，把毛利率砍到公司所能忍受的最低点（联想所能忍受的最低毛利率是15%，再往下就会亏损），然后全力销售，卖出三倍以上的销售额，把市场份额拿下来。这个计划听起来似乎是孤注一掷，但是经过为期十天的会议，通过把计划做细、打磨其中的关键细节之后，大家觉得计划不再是天方夜谭，而是有可能完成的实战说明书。

接下来是从团队共识过渡到个人承诺。

胡锡兰是联想创业元老之一，她代表全体员工表态说："军令如山，坚决完成任务！"以个人的身份承诺"完成任务"会起到两个作用：

- 最大可能的个人投入，没有退路、没有借口；
- 与身边的人互相激励，形成集体英雄主义的氛围。

联想京郊龙泉会议至此圆满成功。

20世纪最后十年,各种风暴刮走了中关村99%以上的企业,也许是因为在企业存亡断续的关头,这些失败的企业不想亮剑、不敢亮剑、不能亮剑。

以小博大的杠杆思维

> 赚钱，实际上并不困难，只要有效利用好别人的钱就可以了。
>
> ——《金钱问题》，亚历山大·小仲马

如果你要开一间酒吧，你会怎么做？

请读者读到这里闭上眼睛想一想，你想到的第一件事是什么？可能的试错方式和降低创业成本的方法是什么？

最容易想到的是，去附近酒吧一条街的街口观察顾客进店频次、去不同酒吧消费和体验服务的不同，除此之外，似乎也没有更多的办法去进行市场调查和试错。只能按照正常思维，在市场调查告一段落并且调查的情况还不错的前提下（往往是所在城市的酒水价格高企而且消费者络绎不绝），找个适合的场地，做好装修然后开业，至于是否能赢利就听天由命了。

有一个女孩子，她花了五六年的时间积攒了10万块钱，看到本地的酒吧街比较火爆，自己也喜欢酒吧的氛围，她就想开一间酒吧作为她的第一次创业。

在深思熟虑后，她来到北京三里屯（全国顶级的酒吧聚集区）生意最好的酒吧之一，找到酒吧老板，很恳切地对他说："您的酒吧非常成功，我准备在沈阳也开一家，不会跟您有竞争。我希望能在您这里打工半年，这段时间一分钱都不要，但是您要让我接触到酒吧的经营环节，同时您要教给我经营成功的诀窍。6个月后我去沈阳开店，将请您做我酒吧的顾问，我可以把我开店第一年的利润全给您。您要有信心，也可以给我投资，咱们可以签个合同……"半年之后，开酒吧的经营诀窍（Know how）女孩已经掌握得差不多了，对女孩的表现深感满意的老板甚至把他进货的人脉都告诉了女孩，并投入真金白银助女孩开店。显然，这个女孩的创业之路几乎达到了零风险。

这就是在特殊情况下，以小博大的杠杆思维。

杠杆思维的本质是在个人力量有限，在资金、认知能力、行业经验等方面都很欠缺的情况下，依托外力来以小博大。中国古人对此有过很多描述，比如借鸡生蛋、借船过河，重要的是"借"这个字，用自身之外的力量来辅助自身成功。

不要以为借力这种方式很少见，其实多数初创企业都用过这种方式，比如早期房地产商由于缺乏资金在拿到售楼许可后卖期房、某些企业采用预售的方式拿到资金后再进货。最常见的是通过洞悉顾客需求，让利于顾客，再通过服务与顾客建立信任关系之后，借顾客之力拓展生意版图。

> 一个男孩开了一家洗车房，推出了包年洗车的优惠活动，而且优惠力度非常大（价格略高于成本），在客流大增的情况下仍然提供了很好的服务，赢得了车主的赞誉。在车主满意度高的前提下，男孩引入了车辆维修、车辆保险乃至车辆贷款业务，车主纷纷买单。这就是借顾客之力拓展生意版图的模式。此外，由于顾客量大增，企业现金流非常宽裕，开连锁店也变得顺理成章。

在以上案例中，建立信任是最重要的一环，无论是开酒吧的女孩还是开洗车房的男孩，都赢得了合作者和顾客的信任。

我们身处的世界是一个开放系统，用开放的眼光来思索企业的业务发展就会发现，身边可借之力、可借之势、可借之经验、可借之智慧、可借之资金、可借之人力所在多多，设计一个精巧的"杠杆"，与更多的人建立信任关系，你的职业道路会更加顺畅。

还有一点值得一说，既然是杠杆，那么在杠杆的一头总要压上够分量的东西才能撬动足够的资源。那么究竟什么才够分量呢？

经济学的锚点是稀缺，资源永远是稀缺的，因此必须聚焦自身的资源，只有聚焦才会产生能量——渠道、服务、技术、产品开发，还有个人的专注经营和形象（IP）积累——阿里巴巴的淘宝平台虽然使早期依靠平台借力的人普遍发财，但做大做强的还是那些产品真正优质、营销和服务真正做到家的企业。

"重构关键问题"思维：本质和形式

> 我认为看清问题的本质比解决问题要困难得多。
>
> ——达尔文

普通人看到一个问题，会立即反应"如何解决这个问题？"很少有人会去想"这个问题是不是一个伪问题？"

在学校里，老师教给我们的总是如何回答问题，而不是如何重构问题；在社会上，老板要求我们的也是完成任务，而不是重构任务。

实际上，在职场的各类情境中，构建正确的问题才是真正重要的！

比如说，你经常可以听到这样的工作指令：

- "×××，你来研究一下马上要实施的环保政策，下周二做个简报。"

接到指令的人尽管一肚子疑惑，但也会不假思索地去按自己能理解的部分执行，多数情况下，由于指令不清晰、问题理解不到位，简报呈现效果不会特别好。但是，如果在接受指令时多想一想、多讨论几句，重构一下指令的内容，简报呈现的效果将完全不同：

- 新指令一：新环保政策会使公司的利润下滑多少，具体原因是什么？
- 新指令二：新环保政策对产业格局的影响是什么，公司的市场地位是否会下降？
- 新指令三：在新环保政策下公司需要怎样应对，以使负面效果降低？

笔者在企业中做管理咨询工作，其中很有成效的一项工作是"问题研讨"，即引导企业管理者就自身的一些关键问题深入讨论，希望能够达成团队共识，促进团队"化学作用"的生成。以笔者的经验来看，企业在某个时间节点、某种市场环境、某类团队状况下总会有一个或两个问题（不超过两个）是属于生死攸关的问题，一旦找到并提出这样的问题，就会对全体成员产生震撼的效果并极大地推动企业成长。

曾在麦肯锡咨询公司日本分部供职的安宅和人在其著作《麦肯锡教我的思考武器》中说，企业中"真正应该在当下找出答案"且"有办法找出答案"的问题只有约1%，其他问题都是伪问题或不值得深入讨论和解决的问题。他认为，"重构关键问题"是职场人必须具备的思维方式。

> 某个品牌的香烟销售情况不佳，企业管理者基于之前的经验认知，认为这个品牌不行，于是，他召集

> 了一个决策会，决策会的议题是"公司是否放弃该品牌，启用×××新品牌？"
>
> 在多数情况下，这位企业管理者找到的只是一个伪问题，因为香烟产品销售情况不佳的原因非常多，有可能来自市场规模缩减，有可能来自竞争对手策略变化，有可能来自消费者需求迁移等，不一定是品牌的问题。退一步说，即使该管理者的经验认知是对的，销售情况不佳的确与品牌相关，那么是什么导致了旧品牌的问题，启用新品牌后是否还会产生同样的问题？本企业的长远发展战略是什么？本企业的核心竞争力又是什么？本企业当前真正应该投入资源的重要工作与启用新品牌之间是什么关系？

在前景一片混沌、市场情况不明朗、问题满天飞的情况下企业应该多次召开头脑风暴会和务虚会，以求找到对于企业生死攸关的真正问题（有可能需要较长的时间），而不应该贸然召集一个连假设都可能被证伪的决策会。

在企业中类似以上案例的问题很多、很有迷惑性，这种"伪问题"浪费了管理人员的精力和注意力（要知道企业的根本问题是资源稀缺，管理人员的精力和注意力则是企业的关键资源），给企业带来的损失比我们想象的大得多。

那么，应该如何重构企业中的关键问题呢？笔者从以下四个思考方向以及重构关键问题的会议形式两个角度进行探讨。

思考方向一：应该就关键问题反复召开务虚会

在企业的发展目标清晰、发展方向明确、产品得到市场认可、团队协作顺畅的前提下，务虚会少一些没关系，大家只要勠力同心向前冲就好。当企业发展目标存疑、产品出现问题、团队协作不畅的情况下，务虚会对于企业非常重要，唯有通过反复召开务虚会才能找到阻碍企业发展的真正问题。

思考方向二：关键问题必须具有震撼性

如果一个问题即使讨论清楚了也不会对现状产生重要影响，那么它就不值得深入讨论。企业中的关键问题必然具有震撼性，一旦提出，企业成员要兴奋起来（否则问题就可能并不准确、不到位）。

"业务线收缩还是保持现状""是自营为主还是渠道为主""向左还是向右"，只有类似这样涉及本质性选择的议题才会有震撼性，其结果将改变企业的核心业务思考，对企业中多数人的未来行动造成巨大影响。

思考方向三：深入下去，改变看问题的角度

在美国航空航天局（NASA）设计火星探测器的着陆系统时，所有人都聚焦在"如何才能设计一款更好的三条腿着陆器"上，而工程师马克·阿德勒（Mark Adler）改变了看问题的角度，提出了真正的问题："我们如何才能克服（火星）重力，让我们的探测器安全着陆。"由此，他提出了使用巨型安全气囊缓冲着陆的方式，1997年，安全气囊使得"探路者号"

（Pathfinder）火星探测器在火星安全着陆。

给同一个问题装上不同的"镜头"，使之可以改变看问题的视角和深入程度，既可以在宏观上凝聚概念，也可以从微观角度上关注关键细节。从而另辟蹊径，找到新的问题描述方式，有时候，问题的描述方式改变将使问题完全不同！

思考方向四：打破原有定式思维

参考前文"打破定式思维"的章节，其中有关于亚马逊公司收购全食超市的案例，亚马逊公司并不主要看重全食超市的零售能力，而是要将之打造成为亚马逊线下的配送中心。这是一个打破原有认知模式的功能重构案例。

重构关键问题的会议形式：圆桌会议、畅所欲言

企业需要有一个独特的会议形式，让参与者畅所欲言，从而找到真正的问题所在。脸书公司创始人扎克伯格曾经就读于美国顶尖的私立高中菲利普斯埃克塞特学院（Phillips Exeter Academy），该学院有一个传统的教学方法叫"圆桌讨论"——十几个人围绕一个圆桌，在平等的氛围下对同一个主题进行思考和辩论。很显然，在这样的氛围下，重构关键问题将会更加容易——企业最高领导者最好只听不说，高层管理者也要少说，同时鼓励每一个与会者畅所欲言。

要开好圆桌务虚会有两个难点。一是让与会者畅所欲言，二是领导者少发言。

什么是畅所欲言呢，就是不同的人在一起讨论同一个问题，讨论得越热烈越深入越好，分歧和争辩越多，与会者的信

息搜集就会越容易，互动效果、讨论效果就会越好——听起来很简单，但要做到实际上非常难。

> 举个例子，在某个务虚讨论会上，大家似乎讨论得很热烈，但是你一定会发现一些情况，比如说有的人基本上不说话，或者说话很少，还有的人虽然话不少，但他只有等到某一方的意见占了上风，或者老板发话了，他才真正开始讲他的观点。为什么会这样呢？人性就是如此，谁都不想当傻瓜，职场中多数人都不愿意把自己的所思所想当着会上这么多人说，最好、最安全的选择是不说话或者跟着主流走、跟着老板走。

针对这种情况，有一个有效的方法"同级群体再加一"，让这个"一"来当主持人，这个人最好不是与会者直接的上级领导，但要有一定的级别。整体讨论过程可以由这个人担负起引导责任——这个人不表达观点，只引导他人发言。笔者在不同的企业里参与过多次自由讨论，尤其是针对企业里面的某件大事或者某个议题进行深入研讨。多数情况下笔者以主持人的身份参与其中，在研讨的过程中笔者会要求多数人发言，明确他们对议题的看法和认知，同时强调"什么才是对的"，而不是"谁才是对的"。同时，笔者会明确要求主要领导少发言，即使要发言，也是在会议结束前做总结。

为什么要让领导少发言呢？

因为务虚会是讨论性质的会议，更加关注人与人之间的信息互动和观点互动，如果领导发言太多，就会天然抑制其他人发言和观点互动。关于这一点，说起来容易做起来难，在当前企业实践中，许多企业领导习惯于多发言和一锤定音，否则就会浑身难受、百爪挠心（这属于经理人的自我修炼范畴，修炼到位则会好很多）。除了以上提到的对主持人提出要求，用会议议程和主持人特权阻止领导发言之外，并无其他太好的方法。

产品认知篇

3

"必须卓越"思维

> 卓越的产品是一个品类杀手，它们会吞下其他人的午餐。
> ——《穿越寒冬》(Surviving a Startup)，史蒂文·霍夫曼 (Steven Hoffman)

正如硅谷创投教父霍夫曼所说，在这个赢者通吃的时代，每个人都会被卓越的产品所吸引，如果你的产品仅仅是优秀，那么你仍然很危险。这就是"必须卓越"思维所要表达的。

所谓卓越的产品不仅仅指技术和品质，也是对产品全方位的评价。卓越并非只有高质高价一种模式，顾客永远追求最高的性价比。中国制造之所以能横扫全球，就是因为在同类商品之中，中国商品也许技术和品质一般，但价格只有竞争对手的一半或更低，性价比将中国商品推上了卓越的宝座。

职场人士需要具备"必须卓越"的思维，小富即安在数十年前也许是可以的，但在今天，仅仅达到"还不错"标准的企业将处于危险境地。

举个例子，如果你生活在二线城市，在一个不错的小区旁边开了家饭馆，你聘请的大厨也还不错，在方圆3公里能稳稳地压两个竞争对手一头，虽然钱赚得不太多，但你觉得够花了，由于菜品优良，也不用太费心思去吸引顾客。突然某一天，你家饭馆的旁边开了两家全国连锁品牌的餐厅，其中一家的顾客定位和菜品价位与你家差不多，显然，对方无论是环境、菜品质量和营销能力都比你好很多——你家饭馆生意自此一落千丈，支撑了半年后不得已关门歇业。

餐厅生意属于服务业，从服务范围和可扩展性（指系统在增加资源后，系统产出的效率）来说，远远比不上高科技和互联网行业。

在可扩展性高的行业里，只有成为市场占有率第一位（也许还有第二位）才能存活下去，如果你仅仅期望成为第三位，那么你很有可能会血本无归。由于马太效应和网络效应[1]的存在，处于第一位的企业将会以几何级数增长，而排在后面的企业无法追赶。随着交通和通信技术的进步，全球买、卖全球成为多数企业和个人的行为模式，加之商品的不断分化，人们脑海中逐渐只能留住每个商品品类的第一选择，相应的例子我们身边比比皆是。现实如此残酷！

管理学者吉姆·柯林斯（Jim Collins）在《从优秀到卓越》（*Good to Great*）中有一句著名的论述："优秀是卓越的大敌"[2]。

---

[1] 是指某些平台使用的人越多，顾客从规模扩大中获得的价值越高，例如某些互联网产品和手机App。
[2] 参考中信出版社2006年出版《从优秀到卓越》，作者是吉姆·柯林斯。

在笔者看来，优秀之所以是卓越的大敌，原因之一是优秀企业的创业者在行业中活得相当滋润，因此缺乏动力去探求如何达成卓越。时代在变迁，最大的变化就是优秀企业的日子不再好过，尤其是在高度可扩展的行业之中，当卓越企业出现的时候，它的产品（类似苹果手机、抖音）将会横扫一切。在这样的领域内，每一个管理者必须直面残酷的现实，建立"必须卓越"思维。

顾客思维 1：别把顾客当专家

> 你难以想象，你所知道的事情在不知道这件事的人看来是什么样子。
>
> ——《风格感觉》（*The Sense of Style*），
> 史蒂芬·平克（Steven Pinker）

一家医疗机构请全球著名的创新设计公司 IDEO 重新设计病房、改善医院的工作流程，以提升品牌形象和病人的就医体验。在进行阶段性项目汇报的时候，IDEO 的设计师提交了一份让所有人感到意外和震撼的方案，他们提交的不是漂亮的 PPT 或者有创造力的设计文稿，而是制作了一部特别的影片。

影片是从一位因腿部骨折而送往急诊室的病人的角度来拍摄的。在影片中，我们看到的就是病人看到的，我们就等于是病人。我们穿过一道门进入急诊室，四处找挂号说明，和住院医护人员打交道，可他们讲的全是一套让人听不懂的医学用语。最后，我们好不容易躺到担架上，在医院里被推着走。我们看到一块又一块医院天花板。我们听到支离破碎的声音，因为我们看不见说话的人。偶尔会有人探头进入我们的视线之内；

但更常发生的是，有大段大段的时间，我们停着不动，眼睁睁地看着天花板，不知道接下来会发生什么事。

这段影片放给医院员工看后，马上就引发了回响，第一个反应总是"哇，我从来没意识到……"在没看影片之前，对于员工来说这些问题并不真正存在。而在观看之后，他们就立即感到他们有了解决问题的原动力，那不再仅是待解决问题清单上的一个问题而已了。①

当问题被发现，解决方案随之而来。首先，在移动病床上安装后视镜，可以让病人看到医护人员并与之交流；其次，装修天花板和安置更柔和的顶光；再次，所有人的关注点不再是以医生或者护士的视角出发而是以病人的视角出发，从一些细节上舒缓病人的压力和痛苦。

从顾客角度思考很好理解，但并不容易做到。

最主要的原因就是"知识的诅咒"——当我们了解某件事之后，我们就无法想象这件事在未知者眼中的样子——当你觉得别人不可理喻的时候，多半是中了这种"诅咒"。

> 举个例子，你可以在桌子上用手指敲击一首众所周知的歌曲，让你的朋友猜猜是什么歌。在一项测试中，敲击人认为至少有50%的人能猜中，但实际猜中

---

① 摘自中信出版社2014年出版《让创意更有黏性》（*Made to Stick*），作者是奇普·希思（Chip Heath）、丹·希思（Dan Heath）。

的比例只有2.5%。所谓"知识的诅咒",就是人无法把自己的感受完整地传达给对方,同样,一旦某人了解了某一事物之后,就无法站在不了解该事物的人的角度,去理解他人的感受。

在我们的生活中,"知识的诅咒"随处可见。年轻的母亲被儿子无论如何也理解不了"3+3=6"弄得欲哭无泪;女孩子想喝奶茶希望男朋友买却不想用语言表达,男朋友无法接收到这个信息,于是女孩子恼怒地认为两人之间没有默契;先看过原著再看电影就会从其中挑出无数毛病,而那些没看过原著的人居然"无知"地认为电影不错;老板交代你写一篇稿子,但并没有详细交代背景,在看到初稿不符合要求的时候大发雷霆;路边商店的广告牌弄得花里胡哨,但究竟它是卖什么的路人并不清楚……

我们购买的很多商品都有说明书,一些产品经理、设计经理把他们脑子里的知识用他们以为好理解的方式写出来,然后长出一口气,"这下顾客应该能明白了"。实际上,我们买到的任何商品,小到剃须刀、电饭锅、热水器,大到电脑、电冰箱或者汽车,绝大多数人都不会先看说明书,而是直接按照常识启用,只有搞不明白了才会看看说明书。不少人遇到问题时第一反应不是看说明书而是拿起电话打给客服。腾讯公司创始人马化腾认为,"产品经理最重要的能力是把自己变傻瓜",他的意思是在设计产品前,最好把自己曾学过的知识、拥有的技能、专家的身份全部抛开,用一颗"初学者之心"站在顾客角度重新观察,用常识来做判断,唯有如此,才有可能设计出符合顾客思维的好产品。

奇虎科技公司(奇虎360)的总裁周鸿祎曾经讲过第一代360家用路由器的故事。360的第一代路由器设计得很漂亮,小巧精致,像沙滩上的一块鹅卵石(图3-1左侧);设计师按照极简的产品设计理念只设计了两个接口;又通过增强信号的设计,去掉了不美观的天线。产品经理以为这样一来就和市面上同类路由器有了明显的差异化,顾客一定喜欢、产品一定大卖。没想到顾客完全不买账,该产品销售低迷。经过深入调研之后,他们搞清楚了原因:

- 产品经理看着像鹅卵石,顾客看着像肥皂盒。
- 产品经理认为外观小巧精致,顾客觉得这么小,功能肯定不行。而且有的顾客买了是要送礼的,产品小包装也大不了,送礼没面子。
- 产品经理认为没有天线更美观,顾客认为没有天线信号肯定不好。
- 产品经理认为多数家庭用无线网络,两个接口足够了,顾客认为多个接口更实用。

在顾客反馈的基础上,360的第二代路由器很快上市

(图 3-1 右侧），卖得相当火爆。

图 3-1　360 的路由器

除了产品设计和服务需要运用顾客思维之外，我们在职场中也需要运用同样的思维。由于"知识的诅咒"的存在，你无法理解你的上司和下属究竟在想什么（上司和下属也是你的顾客）。要知道，"知识的诅咒"不但包括信息，还包括技能、经验和经历，也就是说，当你的经验、经历和别人不同的时候，你就会无法理解和认同别人。这是非常可怕的事情。

在职场中，最难的就是如何与他人协作推进共同的事业。这就要求我们在传达看起来理所当然的事情时，要关注他人的感受，特别是在培训、沟通、下达指令的时候，要尽可能场景化和细化，而非采用抽象的语言笼统描述。

企业家喜欢对新员工讲企业的奋斗文化和拼搏精神，但讲了也等于白讲，因为新员工根本不知道你在说什么。面对一件他人未曾经历过的事情，只有将它充分场景化才能打破"知识的诅咒"，培训或者演讲中不能只讲道理和逻辑，必须要在短时间内将听众拉入相关的场景才能真正有效。

笔者在企业做顾问的时候，曾要求中层干部写一写工作中让他们感动的小故事，其中一名干部这样写道：

"检修开始后第二天全公司停电两天，泵房内部处于拆除外运的关键阶段，为了不影响整体施工进度，车间人员采用肩挑背扛的方式将20台旧泵（每台泵约300千克）从泵房里搬运出来，以同样的方式将20台新泵运进去，有效地保证了检修进度正常进行……检修期间车间全部停产，车间温度在零下5至零下11度，为了尽快完成任务恢复生产，所有参与检修的人员没有一个请假的，尤其是上夜班的人员冒着严寒连续工作12天，部分人员得了重感冒依旧坚守在岗位上，经过12天持续作战，提前3天圆满完成了检修任务，恢复生产后设备效率显著提升，产能提高了接近20%。"

如果让这名干部在新人培训的时候讲讲这段经历，是否就能让新员工感受到一点儿鲜活的企业文化呢？

对顾客思维的探讨到这里仍然不够。

对于之前从未出现过的创新产品，推而广之的难度极大，顾客和你身边的人完全无法理解你的想法。在这种情况下，调研和听取顾客反馈基本上无用。

福特汽车创始人亨利·福特（Henry Ford）在1892年制造出了第一款汽油车，然后他不断实验迭代，直到大规模量产。在此期间，他从来不做市场调研，也不去问顾客有什么需求，因为他知道"如果你问消费者他们需要什么，他们会告诉你需要一匹更快的马"。在当时顾客的脑海里，马车远比汽车安全、便宜、省心。

　　苹果公司创始人乔布斯用个人计算机颠覆了人们对于计算机的认识，用iPod代表的数字音乐颠覆了唱片业，用iPhone颠覆了手机业。在沃尔特·艾萨克森（Walter Isaacson）写的《史蒂夫·乔布斯传》（*Steve Jobs*）中讲到，乔布斯从来不做市场调研，把顾客的声音和反馈弃如敝屣。乔布斯认为，没有用户可以非常清楚地告诉你他们需要什么，除非你把产品放到他手中，他才会告诉你他的想法，他才知道这个产品是不是自己想要的。

　　虽然我极为钦佩亨利·福特和乔布斯，但以上两个例子放在此处并不合适——这两个人的成功极难复制——亨利·福特和乔布斯的创新力极为强大，他们虽然不遵从顾客需求，却拥有强大的洞察力和创造力，这种能力让他们足以改变世界。在改变世界的征途中，大多数的创新者因为不重视顾客思维，创新力又不足够强大（顾客都不知道自己想要什么，凭什么你就知道呢）而倒下。还有另一个原因，亨利·福特和乔布斯的运气上佳，他们崛起的时机恰好与他们推出的产品契合无比。

如果你的创新力不足同时运气也不足够好，即使你的发现或创新足够强大，你也必须要站在顾客的角度来思考，否则前方等待你的一定是失败。

> 1847年，有一位匈牙利医生伊格纳兹·塞麦尔维斯（Ignaz Semmelweis）在维也纳总医院第一产科诊所任职。塞麦尔维斯发现，如果医生在为产妇治疗前把手洗净，产褥热的死亡率就会从10%降到1%。他立即行动起来，把这个重要发现告诉了医学界同人。没想到的是，医学界的专家对他的发现暴跳如雷，称他为"医学界的叛徒"。勇敢的塞麦尔维斯咬紧牙关和整个医学界对抗，发表论文、出版书籍，直至所有医学期刊不再敢发表他的文章。他被赶出了医院，不幸的是，他所坚持的手部消毒制度被废除后，产褥热的发病死亡率又直线上升。
>
> 孤独与悲愤使得塞麦尔维斯的精神出了问题，被妻子和友人送入精神病院，入院后不久，年仅47岁的塞麦尔维斯死在了精神病院。
>
> 为什么塞麦尔韦斯的创新不像亨利·福特和乔

> 布斯那样光彩熠熠，是因为塞麦尔韦斯的发现与当时人们的常识相去甚远。当时的医学界认为，人类的疾病是由于体内4种体液（黏液、黄胆汁、黑胆汁和血液）的不均衡导致的，医学界的专家和病人无法将洗手与发病率相关联，塞麦尔韦斯的失败并不出人预料。

塞麦尔韦斯的经历让人同情，如果从个人情怀角度去看，他是一位英雄，"虽千万人，吾往矣！"对企业来说，颠覆式创新当然很好，但如果顾客不接受创新的产品和服务，那么企业经营肯定是失败的。从这个角度看，笔者觉得被称为"云计算先驱"的独角兽企业Salesforce做得很好。

> Salesforce是SaaS（软件即服务）模式最早的定义者，在此之前，企业要用企业级软件，需要购买激活许可，还需要招聘工程师、搭建IT基础设施来运行软件。而SaaS模式颠覆了这一切，SaaS模式下，企业顾客只要登录账号就可以直接使用软件。
> 当然，这一切并不容易。过去十几年以来，Salesforce成长为企业级客户关系管理（CRM）软件领域的全球领导者，他们不但关注云端托管技术的发

展，还始终关注改变顾客的认知模式，他们始终明白，只有顾客真正理解了SaaS的内涵，Salesforce的产品和服务才会获得回报。

以提升顾客认知为导向，创始人马克·贝尼奥夫（Marc Benioff）在自传《云攻略》（*Behind the Cloud*）一书中谈到了利用媒体宣传"零软件"的理念："有选择性地结交记者"并且"发挥想象力，创造能代表自己的词语"。贝尼奥夫请广告专家设计了"NO SOFTWARE"的Logo，并将它印在所有材料上，还要求员工和他一样每天佩戴"NO SOFTWARE"徽章。就连Salesforce的电话号码，贝尼奥夫也设成1-800-NO-SOFTWARE来加强顾客记忆。

即使SaaS模式相对于原有软件模式有诸多便利，但顾客的认可过程仍然是一波三折。Salesforce亲历了2001年互联网的寒潮，2001年11月，Salesforce每个月的亏损达到100万~150万美元，投资人也捂住钱包、不肯拿钱出来，在被逼无奈之下，贝尼奥夫发明了"年度订阅"的商业模式，即顾客可以以年为单位来签订合同，可以拿到较大的折扣，并需要提前付费，这样一来，顾客获利，Salesforce也恢复了现金流。在此模式下，即使Salesforce的赢利状况不佳，也能确保公司活到顾客认可SaaS模式的那一天。

贝尼奥夫所展现出的顾客思维——抗击"知识的诅咒"是 Salesforce 能够屹立不倒的核心原因，是创新型企业必须遵循的有效思维。

顾客思维 2：我棒极了！

> 无论你相信与否，很多人并不关心你的产品多棒，他们关心的是使用产品时的自己有多棒。如果深刻理解了这一动机，你就会找到金矿。
>
> ——丹尼尔·平克（Daniel Pink）

假如你开发了一款让女性用户健身的 App，希望让用户给她们的朋友推荐该 App，提升用户增长和留存的数据。那么，你更希望看见以下哪个场景？或者说哪个场景更可能引发 App 下载量的指数级增长？

— 场景一：用户对她的朋友说："这款 App 棒极了！"
— 场景二：用户对她的朋友说："这家公司棒极了！"
— 场景三：用户对她的朋友说："这个品牌棒极了！"

实际上，无论用户和她的朋友说什么，她实际上要表达的都是"我棒极了"。这是她内心的感受，她并非喜欢这个产品，而是喜欢这个产品使她看到了更好的自己。当然，没有人会直接这么说，每个人都是通过以上场景来表达，但无论是哪种场景，如果用户的感受不是"我棒极了"，那么 App 下载量的指数级增长是不可能实现的。

在《用户思维+》(*Badass Making Users Awesome*)中，作者凯西·塞拉（Kathy Sierra）指出，企业的目标和用户的目标不同，而且其交集往往很小（图 3-2）。

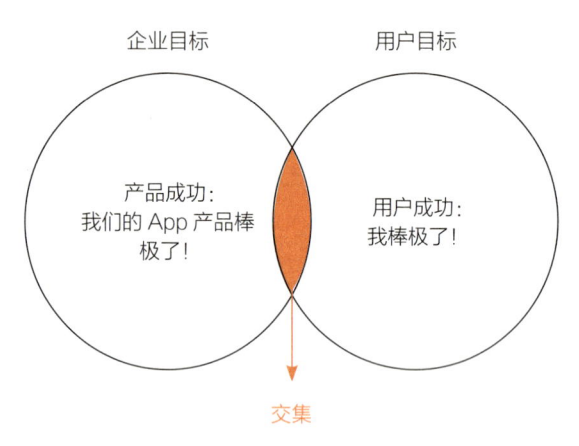

图 3-2 企业目标与用户目标的交集

企业的目标往往是"做出了不起的世界级产品"，但用户的想法往往是"成为更好的自己"，这两者之间有着深深的鸿沟。因此，对于企业而言，必须要转变自身的思维方式，将企业目标转变为"让用户变得更好""用更方便、更快捷、更有趣的方式让用户的表现更加出色"（图 3-3）。

具体而言，企业的目标可以按照以下模式进行调整：

— 不要打造一流的女性健身 App，

— 而是要帮助女性变得更加健康有活力！

— 不要打造一流的家用电钻产品，

❸ 产品认知篇 ✔

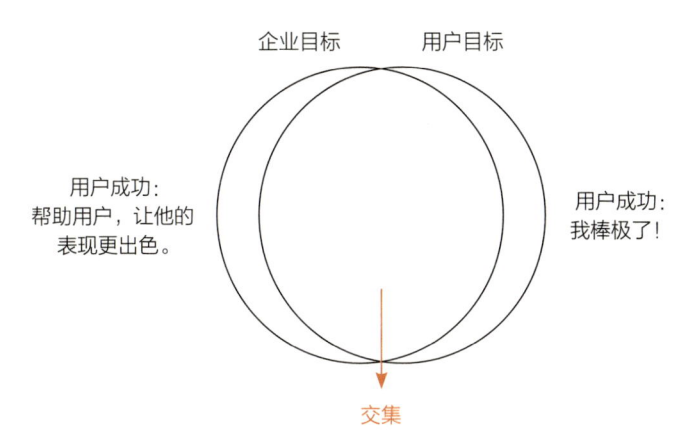

企业目标　用户目标

用户成功:
帮助用户,让他的
表现更出色。

用户成功:
我棒极了!

交集

图 3-3　转变思维后的企业目标与用户目标交集

— 而是要帮助客户成为家居 DIY 能手!
— 不要打造世界第一流的产品,
— 而是要帮助客户收获成就感!

"最小可行产品"和低成本试错思维

> 尽管第一代的 iPhone 缺少一些基本的功能,像复制粘贴、3G 网络以及对企业电子邮件的支持等,但早期的技术迷还是蜂拥而至,在苹果商店门前大排长龙。谷歌最初的搜索引擎能回答一些专门问题,比如什么是 Linux 操作系统,但它离"把全世界的信息都组织起来"的日子尚有好几年,可是这并不影响早期使用者对其赞不绝口。
>
> ——《精益创业》(*The Lean Startup*),埃里克·莱斯(Eric Ries)

在莱斯著作《精益创业》中提到了一个概念,叫最小可行产品(Minimum Viable Product,MVP),概念一出现便被多数企业家和职场人士接受。所谓"最小可行产品",就是指快速构建一个可用产品,在满足产品基本功能的前提下,投入要尽可能少。

> 举个例子,你发现了一个商机——在地铁站用无

人值守的机器卖鲜榨橙汁（现在已经可以在地铁站、火车站看到类似装置），那么，你会怎么做？

马上能想到的一种做法是，立即找人开始设计榨汁机器，然后反复调试直至没有问题为止，接着找几个车站投放收集购买数据，如果数据尚可，则大规模生产机器、投放广告，接下来就等着财源滚滚。假设机器设计和样品的投入并不高，加上你的执行力很强，又恰好有朋友精于设计制造此类机械装置，幸运的话你耗时半年多就完成了机器的设计开发，加上调试和投放测试的时间，前期时间投入总计约一年，资金投入300万元。

接下来有三种可能的情况：

1. 测试数据极好，后续扩大产能和融资非常顺利，创业成功！

2. 测试数据不够好，你有点犹豫不决，最终咬牙止损。

3. 测试数据还不错。你下决心筹资3000万元把摊子铺起来准备大展宏图。半年后，你痛苦地发现模式有硬伤，实际销售数据一塌糊涂，但此时前期广告和机器设备的资金已经投入，人员也招聘进来了，怎么办？

相比前期巨大投入的风险，有效的做法也许是先从一个成本最低的产品开始——你直接到地铁里卖鲜榨橙汁，搜集消费者的反馈信息。比之成本稍高，但更贴近你设想的方法是租用（不是购买）几个鲜榨果汁机器进行测试，通过顾客反馈不断调整榨汁机摆放的位置以及果汁产品的价格和形态。由于前期投资和时间成本足够低，你可以耐心地寻找消费者的真实需求和商业模式上的漏洞。这就是最小可行产品，通过快速构建符合产品预期功能的最小集合，用它检验消费者与产品交互的关键假设。

图 3-4 是对最小可行产品的形象化解释，最左侧是"最小产品"，但对人而言船太小了，有点类似于直接去地铁里卖橙汁，很可能不是"可用产品"；最右侧则是"可用产品"，类似上文的设计制造机器；中间的才是"最小可行产品"，即租赁机器进行测试。

图 3-4　最小可行产品

最小可行产品在低成本试错方面的优势极为明显，它足够直观，能够被目标用户感知到，由此可以激发真实的反馈意见。从形式上来说，最小可行产品可以是有简单交互功能的网页，可以是一个公众号，甚至可以是一段视频。

> 大众点评网最早的产品雏形是创业者张涛花了3天时间做的一个简陋的页面，当时他直接将1000多家餐馆的信息录入网站（在没有任何授权的情况下），就为了验证他最初的想法：人们在饭店吃完饭，是否愿意在网上点评？显然，这个初始的创意得到了验证。在大众点评网以后的发展过程中，创业者继续使用最小可行产品模式，在电话预订模式最开始的时候，大众点评并没有花钱去开发系统或去找呼叫中心的服务，而是直接雇了两个客服人员，用"伪声讯"的方式来验证电话预订模式是否可行。
>
> 德鲁·休斯顿（Drew Houston）是云存储服务供应商 Dropbox 的创始人，他的最小可行产品就是一段视频，在这段视频中，他虚构出 Dropbox 的关键功能——移动中上传和下载文件，结果这段3分钟的视频引发了很多人的兴趣，不但有几十万的浏览量，愿意排队等产品问世的用户达到75000人。由此休斯顿信心大增，开始了自己的创业征程。

对产品来讲，最小可行产品的本质是用最低的成本、打造最简单的产品去验证最核心的产品思路。对企业来讲，最小可行产品的本质是打造一个极简的关键业务流程。例如，一家电商初创企业，其关键业务流程是用户进入页面→产品选择→付款→物流查询，那么在这四个节点（关键业务流程）上投入绝大多数资源才是对的，如果这四个节点还没有完全做好，虽然客户评论的功能也非常重要，但也不应该立即着手开发。企业需要谨记，唯有最小可行产品得到真实的回馈、核心的产品思路得到用户认可，产品才有明天。

将反馈视为财富

> 反馈是世间因果的具象化。

上节最小可行产品思维的要点在于试错后取得顾客反馈，并据此得到新的认知，其模型可以用图 3-5 来表示，即通过不断尝试去明确外部的反馈，用以建立新认知、提出新假设，完善产品的设计和商业模式的构型。

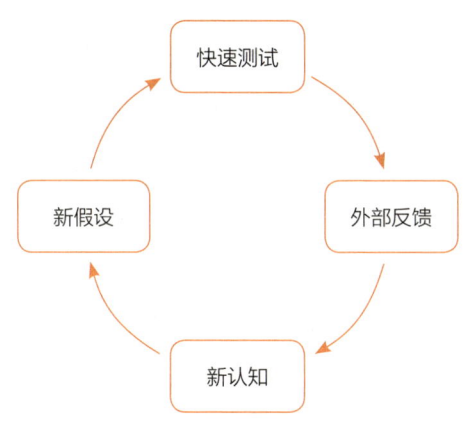

图 3-5 最小可行产品模式

考虑到人类心智受到"知识的诅咒"的影响，因此每个人唯有通过外部反馈才能获得比较准确的信息。企业管理者特别需要客户的反馈，有了反馈，我们才知道产品细节是否合理、广告是否有效、商业构想是否完善、下一步需要在哪些方面加强。反馈越是清晰、越是准确，产品成功的可能性就越大。

在通常的认知中，问卷调研、访谈是获取外部对产品反馈的主要手段，实际上，仅仅通过市场调研作为反馈手段是有问题的，问题主要出在两个方面：

- 问题1：客户的需求往往很模糊，有时还自相矛盾，无法通过简单的市场调研得到精准反馈。
- 问题2：对于市场上从未出现的产品，客户往往毫无概念，这时，需要引领客户需求而非一味地顺从顾客的意见。

苹果公司创始人乔布斯在思考新一代智能手机的时候，是从一个根本问题入手——"什么样的手机更好用？"通过观察幼儿的习惯，乔布斯发现孩子在接触陌生事物的时候第一反应是用手去碰一碰、摸一摸、划一划，这是人类基因之中固化而来的基本习惯。从技术上来说，乔布斯发现触摸屏也具备了相应的条件，可以打造符合人类习惯的产品。因此乔布斯并非不搜集客户反馈，而是在反馈模型之前加了一个"从根本问题入手"的前置条件（图3-6）。

除此之外，要得到真实的反馈，测试的环境（场景）与实际市场环境（场景）不能有太大差异，否则与纸上谈兵无异。

在美国航空航天局的火箭科学家设计火星探测器的过程

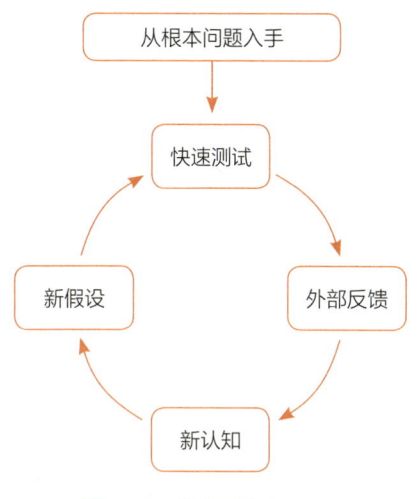

图 3-6 从根本问题入手

中，为了测试着陆时缓冲气囊的安全性，他们模拟出一个类似火星地面的环境。在测试中他们意外发现，气囊在模拟着陆时被岩石戳破了，虽然这些岩石并非很尖锐——这才是较为真实的反馈。

与其脱离现实去搞人工测试或者匆匆地与几个客户交谈后，就开始撰写调研报告、调整开发计划，不如设计或搭建一个更加合理的场景以得到真实反馈。比如，如果你想设计一款应用软件，那就要在真实场景下观察和了解用户如何使用最小可行产品。因此，以上模型可以再加上一项"设计真实场景"（图 3-7）。

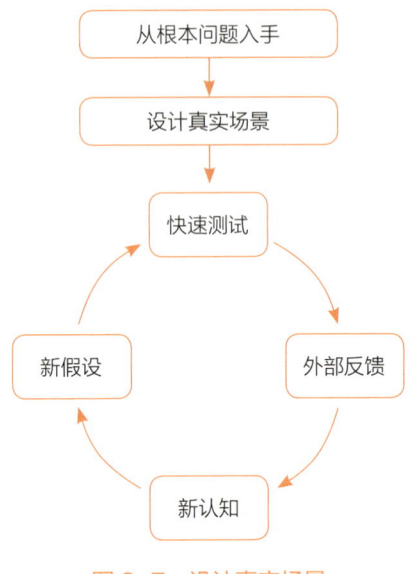

```
从根本问题入手
       ↓
   设计真实场景
       ↓
    快速测试 → 外部反馈
       ↑         ↓
     新假设 ← 新认知
```

图 3-7　设计真实场景

做一款优秀的产品犹如设计一个引擎，引擎是内燃机汽车中最重要的零部件，它的工作原理深藏于每一个气缸之中，汽油和空气混合在一起，由电火花引爆，每一次小小的爆炸都提供了巨大的动力使得汽车能够快速前进。如果无法精确把握每一次爆炸，使其快速反馈到汽车的动力系统，就会引起灾难性的后果。与此类似，客户的真实反馈遏制了灾难性后果的发生，每一次真实反馈都让我们可以得到新的认知和假设，每一个新的认知和假设都会带来新的改善，最终推动企业"增长引擎"的启动。

反馈是我们人生中无处不在的自然机制，将真实反馈视为财富，你在职场中才会如鱼得水。

量产比"最小可行产品"更难

> 如果以我们当前的生产规模计算,我们还像1903年公司起步时那样雇用相同数量的员工来安装一部汽车,并且他们只负责安装的话,那么,现在我们的员工人数就会达到20多万。然而,即使是在日产4000辆汽车的鼎盛时期,我们的员工总量也没有超过5万人[①]。
>
> ——《向前进》(*Moving Forward*),亨利·福特

仅仅是"最小可行产品"可挣不到钱,如果希望产品成功,企业必须要应对规模化的挑战。随着"最小可行产品"得到顾客的认可,企业须尽早把产品送到尽可能多的客户手中,不能止步于"最小可行产品",而是要进入下一个阶段:量产。

职场中人如果没有经历过订单急剧膨胀的过程,无论如何都无法了解量产是多恐怖的一件事。

经常能看到一个误区,即职场中人把样品说成产品,实际上,(实验室)把样品变成(量产)产品一般要2~5年的时间。

---

① 中文版书中为5千人,原著中为5万人。

其中有些产品需要搭建服务团队，还有一些对产业链比较重要的产品更是要被产业链整体认可和接受。比如芯片产品，一个合格的芯片产品在量产前至少需要长达 2 年的认证期，背后要有上亿次实验，要经历很多考验才能达到极强的可靠性和耐久性。没有这个过程，保险公司不敢给你做保险，下游厂商和消费者也不敢用你的产品。

要知道，量产所需的创新甚至比"最小可行产品"的创新更加艰难，其中的主要难点可能会来自 4 个方面：

1. 大规模生产导致的一系列问题，尤其是质量问题。
2. 产品设计和工作设计导致的生产效率（成本）问题。
3. 上下游供应链的认证和协作问题。
4. 产品大规模应用导致的服务问题。

什么样的生产规模才能被称为大规模生产？当生产规模翻十倍、产品出货量从数千件到数万件，提升一个量级，管理者往往认为这就是大规模生产了。实际上远远不止于此，由于现代社会交通和通信的进一步发展，市场规模达到前所未有的程度，一件同样的产品能够售卖出超过千万件乃至上亿件。全球出现了若干在极窄领域成为全球第一的企业（隐形冠军），这与之前的时代形成了鲜明对比。量产带来的挑战前所未有[①]。

大规模生产在管理学界有一个专有术语，英文是 mass

[①] 本节强调的是量产给企业带来的挑战，不就工业互联网和大规模定制展开。

product，这个英文词最早用于描述1923年福特汽车公司的生产模式，它是对福特公司自1907年以来十多年间的辛勤努力做出的总结，因此大规模生产方式也被称为福特生产方式。笔者对福特汽车公司汽车量产的发展历程做了一些梳理。

— 福特汽车生产的初期

与所有人相同，福特在第一次装配汽车时（大约是1903年），只是找了一块空着的地方就开始动手，需要什么零件就由员工把零件搬运过来，按照亨利·福特自己的话说："当时的情景就像人们在建造房屋一样忙乱不堪。"

— 福特汽车的规模化生产

到1907年，福特公司销售额已经高达10607辆汽车。这时，亨利·福特有两个选择，一个是满足于已经极为庞大的销售量，之后通过增加车辆的品种型号一点点扩大销售额，坐享红利即可（同时代其他车辆制造企业选择的道路）；另一个则是倾听新时代的声音，为大众制造汽车产品，汽车零件标准化、减少品种型号、扩大生产规模。亨利·福特选择了后者，1909年，福特汽车公司对外宣布只生产T型车这一款车型。1914年，福特汽车工厂年产量高达26.7万辆汽车，而同期美国其余299家工厂加起来才生产了

28.6万辆。1921年，T型车当年产量已经达到125万辆，占当时世界汽车总产量的56.6%。从1908年到1927年，福特汽车公司总计生产了1500多万辆T型车。

— 福特汽车自1907年开始实验"流水装配线"

随着1907年福特海兰帕克工厂的建成，也伴随T型车的销量攀高，亨利·福特受芝加哥一家肉联厂的启发，开始了"流水装配线"生产模式的实验（图3-8）。

图3-8 福特汽车的"流水装配线"

— 福特汽车自1913年4月开始，流水装配线正式应用于整车生产

在生产规模进一步扩大的情况下，亨利·福特开

始用流水装配线模式取代原有生产模式。所谓装配线就是把原有工厂人找活的状态变为活找人的状态，其要求是工人在干活的时候不多走一步、非必要不弯腰；其模式是按工序将人和工具排列起来（利用滑动装配线把有待安装的零件传送到下一个人最易操作的地方），在尽可能短的时间内完成零部件安装；其核心是令两道工序之间的在制品保持零库存，使得作业过程没有间断，自然实现了分工的专业化。

− 在生产的过程中持续测试和调整

例如，采用"身材标准"的做法，于1914年年初把装配线高度提升至26.75英寸（1英寸≈2.54厘米，此高度调整过许多次）；又如，在安装飞轮永磁电机时，用每分钟60英寸的速度进行实验，其后又用每分钟18英寸的速度进行实验，最终经过反复测试，把速度定于每分钟44英寸——看似普通，但这是针对汽车整体生产流程和生产工艺的调整。在当时的福特工厂中，所有细节和工作流程设计都在不断地测试和调整，烦琐程度和难度极高，绝非一蹴而就。

− 广泛吸纳意见和建议，不断改进提高生产效率

在亨利·福特所著的《向前进》中，谈到了工人们提出的各项改进方案和建议。"一项建议提出从头顶把铸件从铸工车间送到机械加工车间，可以节约运

输部门70个劳动力""按照过去的方法制造齿轮，一般需要4道工序，同时有37%的钢材成为废屑。现在我们对大部分废金属加以利用，而产生的废屑仅为1%""一位波兰籍员工提出若是将机床的刀具按不同的角度设置，那将延长其使用寿命……另一位开钻床的员工，在钻床上搞了一个小小的附加装置，从而在零件钻孔后省去了对它进行手工处理的工序……改革得到了广泛的应用，因而节约了大量的经费""监工设计了一个新方案，把整道工序分为3部分，并在工作台上安一块滑板，工作台两边每边3人，末端有一个人负责检验。原来28个工人每天最多完成175个装配件，现在是7名工人8小时完成26000个装配件"[1]。

从上文的描述中可以看出，福特公司在采用流水线大规模生产的实践过程中有非常多的创新，生产工艺的调校过程、生产工具的升级过程、生产形式的改进过程都对生产效率提升、对产品竞争力提升有直接帮助。

此外，隐藏在生产过程中的一个可怕问题叫"质量控制"。如果你在最小可行产品阶段制造了30件新产品，其中只

---

[1] 摘自当代中国出版社2002年版《向前进》，作者是亨利·福特。

有 1 件有点儿质量问题，你觉得还比较满意，认为质量控制已经相当不错，良品率达到 96%。但是，如果用大规模生产的尺度进行衡量，300 万件新品中将有 10 万件不合格，也就是说有 10 万个顾客将因此愤怒并从此不再购买你的产品并传播企业的恶名，这无疑是一场灾难。如果问题不能及时解决，它将是摧毁企业的灭顶之灾。

现代企业奉行的六西格玛标准就是对质量的定义，要求良品率达到 99.99966%，即制造 300 万件产品，其中仅 10 件有缺陷——要说明的是，这绝非高不可攀的目标，而是现代优秀企业的基本操作。

质量这个词的内涵不仅指成品没有瑕疵，它还包含了完美的设计、先进的工艺、稳定性强的生产过程。优秀的量产产品，不仅是交付给顾客的产品没有问题，在生产过程中出现问题的概率也趋于零。质量管理大师爱德华兹·戴明（Edwards Deming）的十四条管理原则中的第三条指出：停止依靠大规模检查来保证质量（Cease dependence on mass inspection）。提交没有瑕疵的产品绝对不能只靠质量筛选和检测环节，这是一个可怕的"蛊惑"，不但能迷惑顾客，还能让管理团队放松警惕。殊不知，如果产品的设计和生产过程仍然存在瑕疵，那么企业的产品量产就尚未达标。

为什么呢？这是产品成本的要求！

如果靠检查去获得质量，就需要有大量的检查人员，以及采取产品降级、抛弃、返工等做法，这些都会大幅度增加支出，生产环节将成为企业的短板，企业竞争力会因此陷入低迷。

在一些管理者看来，产品设计是生产过程中需要资金投入的前期环节。实际上，产品设计贯穿了研产销过程，如果在设计时就仔细考虑到量产过程中的采购、工艺、生产组织等过程，就能大大降低产品的制造成本并提高产品品质。在这个过程中，发动生产制造人员的积极性和创造力，让他们奉献自身的智慧和激情，不断改进产品生产过程中的工艺乃至设计，效果很好而且成本低廉。

> 国际商业机器公司（IBM）有一个极棒的"最佳实践"。因为一个偶然事件，导致某型号的IBM新型计算机不得不在工程设计还没有完成之前就必须开始生产。在这种情况下，最后的设计不得不由制造工人参与进来，没想到的是，该产品的设计居然异常出色——不但总体成本降低了，而且生产过程简单，最终的产品品质也非常好。后来IBM每到推出新产品，都会请负责生产的工人参与设计，并请生产的领班主管作为设计项目的负责人，最终完成设计和生产计划。也就是说，是生产现场的领班和工人最终主导了产品的设计和生产——这种模式一再被验证，凡是这样做出来的设计，后续无论是在产品成本、质量还是

> 生产效率方面都大大提升，而且，随之提升的是工人的自豪感和满意度！

质量和成本存在于过程之中，其难点就在于需要激发每一个人的热情、提高每一个过程的效率。福特 T 型车有 5000 多个零件，按照亨利·福特的想法，每个零件节约一分钱就意味着一年能节约数百万美元。因此，亨利·福特强调 8 小时工作制和高工资，他说："制造方面的经验，都是工人汗水的结晶"，这是福特 T 型车成功量产背后的秘诀。

还有一个问题来自供应链。企业既要和上游厂商极为密切地沟通，又要保持和下游企业乃至直接顾客的紧密联系，听取他们的声音、争取他们的理解。同时，提前规划好上下游的各种认证、参与各类产品标准的制定、推动供应链联盟的形成。在竞争激烈、上下游供应链紧密合作的今天，在合作中一点点的问题都会被放大，一点点的缺陷就会导致被供应链抛弃。

此外，还有产品大规模应用导致的服务问题，比如 SaaS 软件即服务业务，在顾客量急剧攀升的情况下，一旦服务不佳，就会对顾客体验造成伤害，导致顾客留存率降低。服务的特性是服务提供过程和消费使用过程合为一体，并且服务过程现场发生，在发生时难以进行质量检测，当错误发生之后，无论如何补救也无法挽回原有的错误。因此，相对于产品生产，服务过程更像一个"黑箱"，企业经常难以觉察。在很多情况下，企业管理者对自身的服务能力、服务水平沾沾自喜，而顾客则对此有完全相反的看法。

能够开发出优秀的最小可行产品的团队，必然拥有创新的特质，但不幸的是，伴随产品的成功，同一个团队会遇到之前没有想象过的问题，陷入既令人喜悦，又令人苦恼不已的大规模增长阶段。在新的阶段，产品的生产和运营能力会发挥更重要的作用，这就需要企业家和管理者团队拥有新的思维方式。

人的性格往往是先天的，拥有不同性格的人对不同问题的关注度不同。很多管理者关注技术创新，哪怕是一点点小问题也很重视，但对产品质量和成本乃至供应链完全没有关注，出了问题也并不在意，这种"埋雷"以及"爆雷"的做法在企业中并不鲜见。

战略认知篇

4

真问题和伪问题

> 要是你问了错误的问题,那很有可能答案也是错的。
> ——《魔鬼经济学》(*Freakonomics*),史蒂芬·列维特(Steven Levitt)、史蒂芬·都伯纳(Stephen Dubner)

我们的大脑就像一把铁锤,只会处理长得像钉子那样的问题。

任何一个现实问题,当它呈现在我们面前的时候,我们的大脑都会把它看成一个很像钉子的问题,以便我们使用锤子狠狠地给它来一下。因此,我们面前呈现的多数问题都有可能是"伪问题",我们需要去伪存真,寻找被层层覆盖的"真问题",这就要求我们拥有解构问题的能力和深度思考的能力。

为了说明什么是"真问题"和"伪问题",举个例子:

> 花园的小鱼池里散发出恶臭,为了解决这个问题,我们把水都排干,把发臭的池底弄干净,重新铺上新的沙子,种水草,注入干净的水,放入活鱼。在

一整天的劳作之后，鱼池不再发臭了。两个月后，鱼池再次散发出恶臭。

我们发现的问题是"池水在发臭，需要清理干净"，显然，这是一个"伪问题"。

通过仔细观察，我们发现了池水发臭的原因是池水中厌氧菌繁殖过快，而厌氧菌繁殖过快的原因是水池太深，导致上层水和下层水之间不循环，氧气下不去，导致水草和鱼都无法存活——"真问题"出现了。解决方案也随之出现：我们可以在池底安装一个水泵，使池水能够循环起来；同时，安装一个杂质过滤器，保持水质的长期清澈；选择水草和鱼的种类，使之能适合这个小环境。最终，让鱼池成为一个自清洁的生态系统，使厌氧菌不再过度繁殖。

再举一个复杂一点，更贴合企业现实的例子：

20世纪30年代到50年代，全球航运业遇到危机，航运成本居高不下，整个行业束手无策——当时的航运都是运货卡车将货物运到码头，再把货物一件件卸下来，做好登记工作，再放到码头的中转货仓中，等运货船来了，清点后由码头工人搬上船。这样的运作

> 流程使轮船不得不在港口等待卸货装货，致使航运效率很低、成本极高——航运公司只知道买更大的货船、雇佣更少的船员，希望以此提高航运效率，却发现于事无补。

显然，"货船不够大"或者"船员太多"是伪问题。

通过深入思考和详细探究，有人发现航运危机的"真问题"是由于港口装卸货物速度极慢，导致轮船在港口等待的时间太长，轮船的闲置成本极高——物流和港口装卸系统效率低下，无法满足海运发展的需求。

今天看 20 世纪的航运危机，如掌上观纹一般轻松——媒体告诉我们，只要发明了集装箱，一切问题就迎刃而解（今天各类媒体发表的文章仍然是这样讲的）。

和池水发臭的简单问题不同，实际情况是，即使集装箱被发明出来，仍然解决不了海运危机的问题。因为在当时，货车、码头、起重机、从业人员的观念、顾客的观念都与集装箱无法匹配。在集装箱被发明多年以后，问题依旧存在——由此，我们才认识到真问题是整体海上运输系统的落后而非集装箱的发明。

马尔科姆·麦克莱恩（Malcolm McKellen）早年

是一名卡车司机，后来成立了自己的货运公司，他非常有商业头脑，在第二次世界大战的大背景下，他很快就把陆地运输的生意做得有声有色。随着陆路运输交通拥堵日益严重导致陆运业效益下滑，麦克莱恩将目光放到了海运业。

通过摸索和实践，麦克莱恩逐渐认识到要降低海运成本，需要的不仅仅是一只只铁皮箱（集装箱并非由他发明，而是早已存在），而是一套新的物流系统。在这套物流系统中，集装箱是核心但也只是环节之一，它需要各个环节之间进行匹配，包括货车设计、港口码头的规划、装卸工人新的管理办法，甚至包括起重机设计和发货人员培训等。为了搭建一个新系统，麦克莱恩自己买了港口和海运公司，试着用新系统来进行业务运作。即使麦克莱恩做对了所有的事情，但由于社会协同系统尚未建立，顾客的观念也未能扭转，比如说货品标准化程度不足、集装箱空间利用不足、顾客不适应新的运输模式等，最初好几年，新系统一直亏损。在麦克莱恩的持续努力下，新系统开始逐渐成为航运业的标准，最终使得航运总成本下降了60%，整个航运业都因为新的集装箱储运系统起死回生。

在企业的现实中，很多问题乍一看以为找到了关键因素，但实际上往往不然——看到的是人员招聘工作做得不好，其实是高层人员观念问题或人力资源的系统问题；看到的是部门内部人员不够敬业，其实是目标制定不合理导致的——我们总是难以抓住事物的本质，迅速找到真问题。

把这一节放到战略认知篇，是因为找到真问题与企业战略决策密切相关。

日本人认为，战略决策的实质是"界定问题"，当"真问题"出现，答案会随之而出现。美国人却认为（也是国内当前多数管理者的看法）"找到答案"才是战略决策的实质。

由于人类思维中先验的因果论，在遇到问题时，我们的思维方式并不是搜集资料→提出不同的问题→找到真问题→提出不同的解决方案→选择并决策；而是先根据模糊的经验和直觉提出观点→搜寻证据支撑→论证（推翻）观点→提出某个解决方案→向他人推销自己的解决方案。当遇到与自己的解决方案不一致的意见，我们又会出于自我保护的本能予以回击。每个人的关注点都在问题的解决方案上，而不是问题本身，这种情况几乎主宰了企业的决策会议。

在企业的决策会议上，经常会出现激烈的争论，争论的源头在于最终答案——"解决问题的方案究竟哪个更好？"而不是"真正的问题究竟是什么？"最终，"抉择"成了决策的代名词，似乎我们不得不在多个难以抉择的方案之间挑一个！

先界定要决策的"真问题"，而不要着急给出答案——这种思维方式看起来简单，实际在工作中运用起来并不容易。要知道，最重要的事情都是藏在看不见的地方，这要求管理者跳出自己的第一反应，用真正的理性和逻辑去寻找真问题。

德鲁克曾经亲身经历过一件事，他说：

> "我曾经观察过一家日本公司如何处理一家著名的美国公司（日本公司曾与该公司有过多年的业务往来）提出的创办合资企业的建议。在开始的时候，这些日本人甚至没有讨论有关合资企业的问题，而是开始讨论这样做的问题：'我们必须改变我们的基本业务方向吗？'结果，他们得出了一致意见，觉得有必要做出改变。于是，管理层决定放弃一些原有的业务并开发一些新技术和开辟一些新市场，而该合资企业就是新战略中的一项要素。在没有确定这的确是有关业务方向的决策，而且必须做出这样一项决策以前，他们甚至一次也没有讨论过合资企业是否可行或他们准备提出什么条件等问题。"[1]

---

[1] 摘自机械工业出版社2006年出版的《管理的实践》，作者是彼得·德鲁克。

日本企业的管理层不去管合资企业是否可行这个问题，而是将问题直接界定为"是否改变业务方向"，实在是令人震惊和钦佩。

赛道选择思维

> 最终决定我们命运的不是能力，而是我们自己的选择。
>
> ——J. K. 罗琳

赛道选择对于企业来说是一个真实而又无奈的话题：

- 赛道太宽，竞争者众多而且极易遇到巨头被碾压。
- 赛道太窄，不但业务很难做大，在融资的时候还不被投资公司看好。

基于此，很多科技企业在看待赛道的时候容易患上"精神分裂症"——他们会下意识地把自己所在市场形容得很小，以造成自己是行业前三甚至行业老大的错觉；同时，在面对外部投资的时候，为了抬高估值又会说企业是在一个很宽的赛道上，未来发展空间巨大。

实际情况是，身处宽赛道中的企业无法获得丰厚的利润——由于竞争过于激烈，产品价格稍高就难以生存，一些初创企业在激烈竞争的过程中或倒闭或苦苦求存。

因此中小企业必须要发现能够让自己良性生存的利基市场

（Niche Market），该市场的特点是窄小而确定[1]。

利基市场也叫"缝隙市场"，这个词能够更加准确地表明它的含义，一般来讲一个大市场的概念下探一到四级，精准锁定受众人群乃至产品品类才能算标准的利基市场。比如殡葬行业有一个典型的利基市场——火葬珠宝，它是将逝者的骨灰与水晶、白银和钻石烧制在一起，供亲人日常佩戴和长久保存，受众很少，但市场和产品定位非常明确，竞争也并不激烈。

能否在一个狭窄的利基市场中成为领导者，对于初创企业至关重要。否则的话，企业无法摆脱恶性竞争，就无法迅速成长，甚至生存都成了问题。在利基市场中成为领导者的含义不仅强调销量（市场地位），还强调技术能力、产品质量、服务模式等以及由此形成的垄断地位。小企业想要成功，其服务或者产品需要具备极为突出的优势。

> 2012年，找钢网成立，在经过6轮融资后，找钢网进入中国互联网企业100强。找钢网所在的钢铁产业是产能严重过剩的传统行业，尤其是从2011年开始，钢材价格猛烈下挫，全产业链叫苦不迭。找钢网选择了这样一个行业、这样一个时机并且强势崛起，让很多人大跌眼镜。

[1] 按照"现代营销学之父"菲利普·科特勒（Philip Kotler）的定义，利基市场是窄小而确定的市场。

钢铁贸易是一门非常特殊的生意。长期以来的卖方市场以及影响钢铁价格的因素众多使得钢铁的价格体系扭曲，传统钢铁贸易交易链条冗长，中间环节包括比价、议价、询价、锁货等，相当之复杂。从2008年开始，中央政府4万亿元基建资金的投入大大刺激了钢铁生产，钢铁市场在很短的时间内供过于求。在这种情况下，解决扭曲的价格体系成为产业链的痛点。找钢网准确地抓住了这个机会，以钢铁贸易的互联网化作为利基市场，一方面不断扩大上游厂商数量，另一方面用免费撮合的方式提升流量。2013年，找钢网成了全国钢铁B2B交易平台的第一名。到2018年，找钢网的合作钢厂已经达到115家，注册用户累计超过10万家，员工人数超过1300人，营收规模（平台交易额）超过150亿元，成为钢贸行业中的独角兽企业。

找钢网已经成为利基市场的一种模式，各个领域的B2B电商争相模仿，在塑料、化纤、棉纺、煤炭等领域都诞生了大量模仿找钢网的"找×网"，如找塑料网、找化工网、找煤网、找浆纸网、搜布科技等。[①]

[①] 摘自天津出版传媒集团2021年出版的《为什么高管爱读德鲁克》，作者是王鹏。

从找钢网的案例来看，创业企业最好是"创新型"的，而不是"问题型"的。这两者的区别在于，"问题"往往存在于当前市场，市场需要什么就干什么，比如，在钢贸市场上存在大量的中间贸易商解决钢材供销两难的"问题"，这些贸易商在生存危机的驱使下努力竞争，期待"多收个三五斗"。另一方面，这些"问题型"的贸易企业苦于竞争，难以正常发展自身的能力，难以持续成长成为利基市场中的垄断企业。找钢网则抓住了网络时代的机会，用新模式解决了长期存在价格扭曲、贸易链冗长的行业难题——做一个"创新型"的企业，这是企业持续成长乃至成为行业领导者的前提。

德鲁克很重视利基市场，在其畅销书《管理的实践》中，他根据要求、局限性和风险将利基市场分为3类：

1. 收费站模式；
2. 专门技能模式；
3. 专门市场模式。

所谓收费站模式，顾名思义就是卡在某个产业链或生态链的必经环节上，通过某种方式获得绝对垄断地位。而且该利基市场足够小，不足以吸引强大的竞争者进入。比如某企业开发出油井防喷器产品，如果不使用该产品，投资数百万美元的油井一旦爆炸就会血本无归，所以所有钻井勘探的企业都会使用它。同时，该产品的价格仅为油井总成本的1%，全球的市场加起来也不大，不值得大企业进入。可以看到，一旦占据了有利地形，企业就迅速进入稳赚不赔的阶段，收费站模式的弊病就在于它基本没有拓展性，市场空间很难扩大。

专门技能模式最适合科技企业。有典型意义、体量也大的采用专业技能模式的企业，是一批给汽车制造商提供零部件的企业。比如做发动机设计的德国 FEV 发动机技术有限公司、做变速器的日本爱信公司、做电喷系统的德国博世公司等。这些企业通过积累多年的专业技能获得了特殊的垄断地位，这种模式的主要挑战在于企业必须不断自我挑战、保持领先地位。在产业和技术不断进步、高速增长的今天，采用这种模式的企业仍然具有十分明显的先发优势和占位优势。此外，采用这种模式的企业往往很长寿，比如很多做整车制造的企业已经消失在历史长河中，但在零配件领域占据龙头地位的企业则相对活得更长。

专门市场模式与专门技能模式非常类似，只不过前者依赖于对某个专门市场的知识，而后者的精力主要集中于产品和服务。某家国内的管理咨询企业专门服务于医药行业，他们对医药企业非常了解，这些企业也了解这家公司。由于长期专注这个行业，这家管理咨询企业在行业前瞻、了解行业企业管理需求、行业人脉乃至行业诀窍方面都有较大优势，因此，该企业得以占据行业领先位置并能够获得超额利润。

美国登月给我们的启示

> 如果你为自己设定一个极高的目标，就算失败了，也比其他人的成功来得耀眼。
>
> ——詹姆斯·卡梅隆（James Cameron）

1961 年 5 月，时任美国总统的肯尼迪告诉美国国会："在这个 10 年结束之前，我们国家应该致力于实现这个目标——把一个人送上月球并让他安全地回到地球。" 1962 年 9 月，肯尼迪在美国得克萨斯州的莱斯大学（Rice University）当众演讲："我们将向 38 万千米外的月球，发射一枚超过 100 米高的巨型火箭，去执行一项前所未有的任务——登上那个陌生的星球，并最终安全返回地球。"肯尼迪宣称："火箭将由新型合金制成，其中一些合金材料尚未研发出来。火箭能经受高温和高压，其耐热性和耐压性比以往的材料高好几倍，且装配的精密程度高于世界上最好的手表！"

这篇著名演讲的背景是美苏冷战和太空争霸，当时，美国在航天领域落后于苏联（苏联功勋宇航员加加林在 1961 年已经完成了太空行走），美国全国上下都憋着一股劲儿要登月。

登月的梦想因此产生。一旦登月成功，美国将在航天领域把苏联远远抛于身后。

不过，登月可不是开玩笑，用一位当时美国国家航空航天局官员的话说："我们甚至不知道如何计算地球轨道，更别提登月火箭的发射轨道了。"当时的技术在宇宙飞船的发射、着陆、返回、通信等各个方面都还没有做好准备。例如，在宇宙飞船返回地球的过程中，必须要以特定的角度进入，其精准程度相当于在有180道丝齿的硬币上找到特定的一道，否则就会差之毫厘，谬以千里，要么被大气层烧焦、要么被大气层弹飞。当时的计算机技术也不够先进，晶体管计算机刚刚诞生，其计算能力无法满足登月工程如此复杂的计算要求（在登月工程结束后，计算机的编程技术和微型化技术均获得了极大进步）。同时，宇宙飞船由上百万个零部件和数百千米长的电线组成，在它升空飞出大气层的时刻，存在着无数潜在的失败点。美国太空探索技术公司（SpaceX）联合创始人汤姆·米勒（Tom Mueller）说："启动火箭引擎时，可能会发生上千件事情，其中只有一件是好事。"糟糕的是，当问题发生的时刻，你无法打开引擎盖去做修补，所有问题不可挽回：阿波罗1号并未升空，而是在演习中就出了故障，一个电火花点燃了阿波罗飞船座舱的纯氧，3名宇航员不幸身亡。

出乎外界的预测，仅仅不到7年的时间，1969年的7月20日，阿波罗11号发射成功，宇航员阿姆斯特朗和科林斯成功登上月球。这是伟大的成功，有极多的小说、诗歌和书籍来

4 战略认知篇

赞颂和描述这个人类历史上从未有过的壮举。

登月的困难程度是顶级的，它被视为"不可能的任务"，以至于阿波罗计划开始至今 60 余年，人类仍未实现第二次载人登月。甚至于有 20% 以上的美国人和很多外国人相信，登月事件和整个阿波罗计划是伪造的，照片和视频是在影棚中拍出来的——毫无疑问，登月是真的而非伪造，美国宇航员留在月球上的激光测距反光镜阵列，至今仍在使用，而且可以在任何时候通过成像或激光测距进行正确的科学测试。美国宇航员阿姆斯特朗的确是第一个在地外星球上留下脚印的人。

既然登月如此困难，那么究竟发生了什么，最终让梦想能够成真？

以下将从企业组织的角度出发，将"登月思维"类比为企业的战略思维，并且将之拆分为 4 个方面加以探讨。

1. 登月思维之"第一性原理"

"登月思维"与目标相关。如果我们的目标是在当前基础上的小进步，那么不需要做太多思考，延续原有的行为方式即可。如果目标是十倍百倍的增长或改变，那么必须推翻眼前的一切，放弃原有的经验，回归到事物本质的地方去思考，这种思维方式被称为"第一性原理"。

如何理解回归到事物本质？

以"硅谷钢铁侠"埃隆·马斯克（Elon Musk）打造 SpaceX 为例。在准备建造火箭之初，马斯克思考的是"组成火箭的材料有哪些？"为此他做了一张表格，里面详细列明建造、装配和发射一枚火箭所需材料成本，内容十分详细。在经过精密计算之后，马斯克发现所有材料，包括航空铝合金和碳纤维在内的材料成本仅仅是当时火箭研发费用的2%，即使算上加工费用，马斯克也有信心将整体火箭开发成本降到原成本的10%——这就是回归到事物本质的思考。

在肯尼迪总统提出"10年之内登上月球"之后，这个宏伟的目标倒逼美国航空航天局和美国航天学术界以"第一性原理"思考如何完成任务：

— 为在10年内完成登月，我们必须要实现哪些突破？
— 这些突破的难点究竟是什么？
— 有什么新方法可以让我们实现突破？
— 每个重要节点需要在什么时间之前完成？
— ……
— 阿波罗计划诞生了。

登月思维之"第一性原理"说到底，就是不接受固化思维的绑定，逼迫我们从事物本质的地方出发去进行思考和质疑，把问题"煮沸"，唯有如此，才能实现突破性创新。

2. 登月思维之"重新想象"

在用"第一性原理"思考的基础上，登月需要有与前人不同的创新才可能成功，为将创新落到实处，需要重新想象火箭的发射、加速、入轨、着陆、返回等各个环节，并以此为基础重新思考火箭的设计、制造、装配和维护：

— 重新想象将火箭发射至地球轨道；

4 战略认知篇 ✓

— 重新想象将火箭加速至第二宇宙速度，飞离地球；

— 重新想象火箭进入月球轨道；

— 重新想象如何安全降落在月球表面；

— ……

美国航空航天局的登月历程与梦想"人类移民火星"的 SpaceX 发展历程非常相似。

马斯克创立 SpaceX 之初，很多人对此不以为然。在这些人的概念里，马斯克就是一个被工程师骗得团团转的亿万富翁，如果这个亿万富翁只是凭着一个梦想前进，等到他没钱了或者没兴趣了，项目就会无疾而终。SpaceX 的联合创始人、火箭科学家汤姆·米勒是航天推进器专家，负责猎鹰火箭发动机的设计，他谈到马斯克要求重新想象火箭发动机的设计和制造，以使成本降低到美国航空航天局的十分之一，在第一次听到的时候，米勒认为这简直是白日做梦。

但这个白日梦居然实现了！总体火箭成本也得到了同样的控制，美国航空航天局发射一枚 550 磅载荷火箭的成本至少需要 3000 万美元，但猎鹰 1 号能搭载 1400 磅载荷，成本只需 690 万美元。这种级别的创新并非是某人灵机一动就能完成的，而是在设计制造装配的过程中通过重新想象不断进行微创新，许许多多个微创新相结合以完成量变到质变的过程。比如说，不采用昂贵的航天电脑而是采用 ATM 级别的民用电脑；再比如说，猎鹰 9 号火箭的底部有 9 个发动机阵列载荷架，其工艺由原来的焊接工艺改为螺栓连接，这样一来，可以让修理和翻新变得更容易、更快，降低了火箭再利用的成本。

SpaceX 公司在火箭设计、制造和装配的过程中，不断重新想象，最终使得火箭的发射成本极大地降低，也使得社会各界开始接受廉价太空飞行这一不可思议的想法。据马斯克介绍，猎鹰 9 号的最终目标是将火箭的发射成本从每千克 5000 美元降到每千克 200 美元。

比亚迪汽车也是一个好例子。比亚迪的领军人物王传福认为，中国企业的优势是人力资源充足。因此，他没有盲从已有的造车经验和路径，而是重新想象，将汽车制造工序大量拆解为半自动化的生产线，自创各类设备、模具和夹具。在 2007 年之前，比亚迪自行研制汽车冲压设备 360 项、汽车焊接设备 825 项、汽车涂装设备 656 项、汽车总装设备 412 项[①]，将设备和人力之间进行有效调配，创造出了新的汽车生产模式，这些创新使得比亚迪汽车拥有了巨大的成本优势。

3. 登月思维之"剥洋葱"——不断追问问题的真相

有一个有关"人人都知道"的故事，故事的主角是德鲁克的学生威廉·科恩（William Cohen）博士，故事来源于科恩在麦道航空公司的亲身经历。

[①] 数据引用自《光明日报》2016 年 2 月 26 日 07 版文章《中国汽车品牌首次领先全球》。

4 战略认知篇

科恩博士一次和麦道航空公司的人讨论降低成本，对方说如果允许把飞机上紧急出口的安全门调整2英寸（1英寸≈2.54厘米），那么每架飞机可以节省1000万美元。科恩就找到了飞机相关部件的设计师来询问这件事，结果设计师告诉他不行，因为《设计手册》就是这么规定的，他必须按照设计手册上的规定来。如果是正常情况的话，这个调查就可以到此为止了，但如果不找到问题的源头，那这件事情仍然不清不楚。于是科恩博士用剥洋葱的精神，继续追问事情的起源——《设计手册》上的规定是从何而来？

一般来说，手册上每项规定都会经过仔细测试，因此"人人都知道"那是对的，似乎不需要再次核对，而且，追本溯源的事情往往都极其麻烦。不过，最终科恩找到了源头，手册上的尺寸出自30年前的一次螺旋桨飞机的测试，当时飞机的时速只有120英里（1英里≈1.609千米）！而现在正在设计的飞机时速高达500英里。按照新的情况，安全门调整2英寸不会有任何影响。①

---

① 参考机械工业出版社2014年出版的《德鲁克的十七堂管理课》（*A Class with Drucher*），作者是威廉·科恩（William Cohen）。

"人人都知道"在企业中有时很可怕，可怕的原因在于这代表我们已经接受了现实，而不再深入探寻现象背后的机理，这会导致我们对一些关键事务的认知出现偏差。人类的一个思维特点是"先入为主"，医院的医生以为他根据病人的情况进行了诊断，但实际上只是按照他自己过去的经验进行了判断；管理咨询师以为他根据企业的现实提出了建议，但实际上他只是按照自己惯用的思路进行了思考。每个人头脑中都有一把锤子，随时准备去敲击遇到的钉子。我们需要像科恩博士一样，用剥洋葱的方法不断追问问题的真相。

与科恩博士的方法类似，丰田公司发明了著名的"丰田五问"，在《丰田生产方式》中，丰田前副社长大野耐一对此进行了描述：

—"为什么机器停了？"

"因为超负荷保险丝断了。"

— 为什么超负荷了呢？

"因为轴承部分的润滑不够。"

—"为什么轴承部分的润滑不够？"

"因为润滑泵吸不上油来。"

—"为什么吸不上来油来呢？"

"因为油泵轴磨损松动了。"

—"为什么磨损了呢？"

"因为没有安装过滤器混进了铁屑。"

"丰田五问"的目的是通过剥洋葱的方法找到问题表象下

的"真问题"。在找不到"真问题"的情况下，我们会止步于"换保险丝"而不是"安装过滤器"，结果一段时间后保险丝再次断掉，会出更大的事故——不要过于着急去确定问题的解决方案，而是要在"登月"的目标下针对性地不断追问眼前问题的起源。

4. 登月思维之"群策群力"

"十年之内登上月球"是 20 世纪 60 年代美国社会的愿景，这个愿景有效激励了 40 多万美国航空航天局的员工，甚至于美国航空航天局的清洁工在工作时都会说："我不是在扫地，我是在帮助人类登上月球！"这是美国登月成功的主要原因之一，在强大工业体系支持下，有着登月梦想的几十万科学家、工程师和行政人员群策群力、勠力协同：

- 阿波罗 1 号失败，3 名宇航员丧生；
- 阿波罗 2、3 号均未执行任务；
- 阿波罗 4、5、6 号执行无人任务；
- 阿波罗 7 号开始载人飞行；
- 阿波罗 8 号把宇航员送入了月球轨道并顺利回归；
- 阿波罗 9 号对登月舱进行了测试；
- 阿波罗 10 号进行了最终测试，它把宇航员送到了距离月球表面不到 20 公里的地方；
- 1969 年 7 月，阿波罗 11 号登月成功。

在这个过程中，我们得到的启示是：人类社会飞跃式的发展源于某个团队集合在一起挑战更高的目标。

肯尼迪在 1962 年的演讲中说："我们选择登月，不是因为它简单，而是因为它很难。"越难的事情越会吸引优秀人才加盟，比如说，美国登月吸引了德国的火箭总工程师沃纳·冯·布劳恩（Wernher von Braun）加盟；SpaceX 公司则吸引了汤姆·米勒的加盟，米勒为此拒绝了比尔宇航技术公司的高薪，就是为了实现自己近乎疯狂的想法。

这种把优秀人才集合在一起，拧成一股绳，聚力同心的例子有很多，欧洲文艺复兴是其中很特别的一个例子。说到文艺复兴，你会想到什么——灿若辰星的大师、令人惊叹的艺术作品，这些只是表象和结果，表象和结果的背后是"美第奇效应"——意大利的美第奇家族是欧洲 15 世纪到 18 世纪的名门望族，由于美第奇家族的资助，一大批一流的科学家、艺术家、文学家和商人齐聚意大利的佛罗伦萨，这些人才之间的深入交流、相互影响，打破了学科之间和文化之间的藩篱，新的艺术形式、新的科技创意乃至新的思想逐渐生发出来，使文艺复兴成为人类历史上最富创造力的时期之一。

硅谷创业教父霍夫曼有着完全相同的认知，他认为美国硅谷之所以能成功，关键在于：

"它能够让艺术家、书呆子气十足的科学家以及嬉皮士，在同一个房间里互相碰撞各种奇思妙想。正是这种碰撞催生出不止一家能改变这个世界的企业。绝大多数在科学和技术领域中的大步向前跃进都源于不同学科之间的合作。比如在人类学、语言学和计算机科学之间的跨界就能产生令人震惊的东西。当一个音乐家遇到一个计算机黑客,并且两人还开始讨论各种可能性的时候,一些新的想法就会由此而生。这就是硅谷的秘密武器。"[1]

对于企业组织而言,打破部门之间的藩篱也能够激发出巨大的创造力。美国通用电气公司前任 CEO 杰克·韦尔奇(Jack Welch)致力于拆掉通用电气公司的组织藩篱,击碎通用电气公司可笑又坚挺的官僚主义——韦尔奇要求工人、技术员、职能人员、各级管理者,大家坐在一起,为某件事情共同思考和讨论,去击打一个又一个靶子(问题或障碍)。韦尔奇主政期间,群策群力成为通用电气公司强大的组织武器。

通用电气公司的群策群力,简单来说,就是把企业中不同部门的人(后期甚至包括顾客和供应商)聚到一起,把企业中的业务难题或者管理难题提出来,全扔给他们,让他们提出解决方案,最关键的是,领导者要在会上立即决定采用或者不采用。一般来讲,这个会议分为 3 天,前两天是大家分组讨论不同的问题,充分交流信息,找出解决方案(解决方案要求很精确,每个解决方案都至少要有 3 个行动计划,每个计划都要有时限);第三天也很关键,各小组要向对前面议程一无所知的领导汇报解决方案,汇报完领导要么拍板通过,要么否决方案,或者是要求小组提供更多信息,但他必须在规定时间内做

---

[1] 摘自中信出版社 2017 年出版的《让大象飞》(Making Elephants Fly),作者是史蒂文·霍夫曼(Steven Hoffman)。

决定。①

登月思维首先是要求团队做大事，做大事和做小事所花费的力气是一样的，甚至做大事更加容易（在这个过程中，每个参与者对自己会更加满意，动力也会更足）。为什么我们不敢做大事，主要障碍是在人类大脑之中固化的条件反射，这些条件反射告诉我们——在陆地上行走比在天空中飞行更加安全、不要好高骛远，致力于实现小目标比宏伟的目标更加明智。

如果企业和管理者能设置极具挑战性的目标，并在技术、制造或销售方面敢于重新想象并获得突破性的创新，再集中所有人的意愿和力量，群策群力地向目标发起冲击，其结果应该会很好。

---

① 参考中信出版社 2005 年出版的《赢》（*Winning*），作者是杰克·韦尔奇（Jack Welch）、苏茜·韦尔奇（Susie Welch）。

创业企业的战略思维

> 不管东西有多贵,有多稀有,能够按照自己是否需要来判断的人才够强大。
>
> ——《断舍离》,山下英子

在企业的发展历程中,不断出现新业务方向是一个非常自然的过程。一方面,发展到一定程度,一定会有冗余的资源产生,比如说现金流、人力资源、办公场地等,如果此时遇见一些好的、让人心动的机会,多元化经营就自然产生了。再赶上经济大势好,新的业务方向有不错的发展,企业管理者会产生无所不能的错觉。

实际上,在新业务方向上投入很多是有问题的。

举个例子,某科技企业在生产过程中要用到国外的某进口设备,该设备需求广泛但非常昂贵,企业经营者琢磨是否能用国产设备替代。于是,他找了一家合作机构参股,由该机构负责研发,他承诺购买其中一部分。这样看起来规避了很大的风险,实际上企业掉进了"自然延伸业务"的大坑之中。首先,企业资源有限,资源不但包括钱,也包括了企业家和管理者的精力资源。参与该设备的国产替代项目后，企业资源明显被摊薄了；其次，国产替代并不容易，不投入巨量的金钱、人力和漫长的时间设备根本就做不出来（设备昂贵恰恰说明其难以替代）；再次，即使设备样机做出来，从样机到产品量产仍然遥遥无期，如果加快该过程将直接影响自身产品的质量和品牌形象。

日本作家山下英子的著作《断舍离》在国内非常有名，"断"即拒绝不必要的消费，"舍"即丢掉不需要的物品，"离"即克制自身的欲望。

"断舍离的主角并不是物品，而是自己。这是一种以'物品和自己的关系'为核心，取舍物品的技术。你要做到的思考方式并不是'这东西还能用，所以要留下来'，而是'我要用，所以它很必要'。主语永远都是自己，而时间轴永远都是现在。现在自己不需要的东西就必须放手，只选择必要的物品。通过这个过程，你可以从看得见的世界走向看不见的世界，最终实现对自己的深刻、彻底的了解，并接纳最真实的自己。"[1]

细究"断舍离"之道，会发现实际生活中很少有人能真正做到。其原因并非是表面上看到的问题，包括物质欲望过强、购买习惯不佳、自律精神不足等。本质上，是否能做到"断舍离"与一个人的安全感有直接关系。以老人为例，中国社会中的老人极为反感"断舍离"的理念，这是因为他们吃过苦，经

---

[1] 摘自广西科学技术出版社2013年出版的《断舍离》，作者是山下英子。

历过物资匮乏的年代，在物质上缺乏安全感。

笔者把"断舍离"的理念引申到企业管理领域，谈谈企业采用极简战略的重要性。

企业家是非常缺乏安全感的群体，无论表象如何，优秀的企业家总会看到当前业务的问题和劣势，包括自身的赢利能力以及竞争者的虎视眈眈。如果遇到一个看似很好的机会，企业家会不会心动？如果恰好企业中有合适的人去做，账上又有富余的现金流，企业家和管理层很难压抑住内心的冲动。

有些企业家会说，我们必须拓展新业务，因为老业务的发展空间已经不大了——大多数情况下这是一个伪命题——老业务一定还能做得更好，即使是市场空间不大，也能在市场占比、产品品质、品牌形象等方面更上一层楼，进一步推高企业的市场占有率。我服务的一家上市企业，服务之初其产品占全球市场20%左右的市场份额，似乎主营业务已经封顶、很难继续发展。但在几年后，该公司主营业务的全球市场占有率接近翻番。如果企业在主营业务尚未形成绝对优势的情况下又去追寻另一个看起来很好的机会，继而是两个、三个，慢慢地就会形成一种惯性——员工习惯于粗放经营模式，老板习惯于讲美妙的故事——离一家真正优秀的企业越来越远。

笔者看到过一个关于舞蹈培训行业的故事，有一定代表性。为了更好地说明问题，笔者将其中的内容做了引申（案例内容为虚构）。

舞蹈培训行业可以细分为拉丁舞、爵士舞、肚皮舞、钢管舞、民族舞、芭蕾舞、街舞、现代舞等，其中拉丁舞又可以细分为伦巴、恰恰、牛仔、桑巴和斗牛5个类别的舞蹈，创业者W很擅长跳伦巴舞，所以创业者W将创业方向（利基市场）确定为儿童伦巴舞蹈的专业教学。

由于定位精准、竞争对手很少，W的儿童伦巴舞蹈培训的业务开展得比较顺利，很快实现了盈亏平衡并且在不同街区开设了两个分店，但创业者W也有自己的苦恼：由于所选行业的市场过于窄小，招生有些困难，收入和赢利增长过于缓慢。这时，斗牛舞的热潮席卷全国，W恰好在斗牛舞方面也有一定的功底，他有点犹豫，是否再开一个成人斗牛舞的业务方向。朋友很赞成他再开新店，并给予他资金支持。

W的运气很好，恰好赶上舞蹈消费的爆发期，几年后，伦巴舞和斗牛舞业务都带来了利润，业务团队的人员由原来的十几人发展到现在的超过50人。但W依然有很多困惑，他目前面临的主要问题是市场空间不足，伦巴舞和斗牛舞已经开了近10家分店了，所在城市基本饱和，要让公司的收入和利润再上一个台阶困难非常大。同时，这两个业务的招生仍然困难而且不稳定。同时，一旦社会风尚发生变化，拉丁舞培训很可能受到冲击，业务会急剧下滑也未可知。

这时，W团队中的创业伙伴Q提出了一个新项目，某个城市智能语音产品正在寻求城市合伙人，产品面向教育机构，Q有关系和渠道能做推广工作，而且学员里面恰好有好几个人所在单位是这个产品的机构客户。目前相关的代理协议条件非常优厚，一旦销售额上去了，获利空间很大，相对于培训服务行业而言，产品销售好像更容易做而且更容易挣钱。是否要跟进这个业务方向，W陷入了深思。

这是发生在身边普通企业的故事，不过，优秀企业的发展路径绝对不是这样！继续来看W的舞蹈培训业务：

W拒绝了诱惑，他决定先将儿童伦巴舞蹈培训做大做精再说。随着业务的逐步深入，W发明了一些儿童伦巴专用的培训技巧，并出版书籍，多年来在各种媒体上坚持宣传。慢慢地，"W儿童伦巴"开始在全国范围内有了一定名气。W在所在城市已经开了9家店，他琢磨着可以逐渐进行跨区域经营，为此他早早地开始自己培养和储备人才，并招聘了懂连锁直营和商业推广的人才。经过8年的不懈努力，"W儿童

> 伦巴"成为全国舞蹈培训领域的一面金字招牌，在全国各大城市开了上百家分店，在儿童伦巴的细分领域中成为绝对的老大，营业额虽然不算很高，但利润率相当可观。

在线支付品牌贝宝（Paypal）的创始人，著名企业家、投资人彼得·蒂尔（Peter Thiel）在《从 0 到 1》（*Zero to One*）中详细阐述了关于企业发展的心得，他认为，企业和企业之间并非我们所想象的那样差别不大，而是呈现出两极分化的状态（或完全竞争、或垄断）（图 4-1）。①

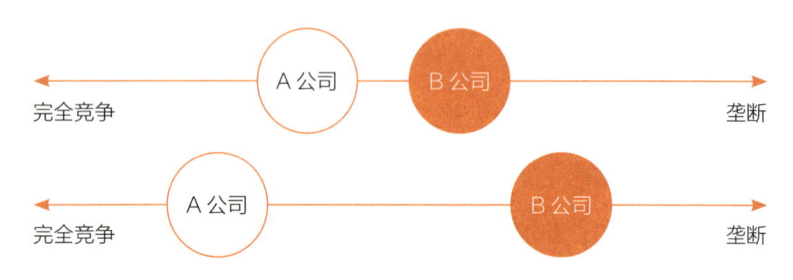

图 4-1　企业呈现两极分化

蒂尔认为，创业者在找到利基市场后，要做的就是想尽办法去垄断该利基市场（与德鲁克关于利基市场的论断类似）。

---

① 参考中信出版社 2015 年出版的《从 0 到 1》，作者是彼得·蒂尔、布莱克·马斯特斯（Blake Masters）。

竞争是人的天性，但把竞争意识用在商业上不仅不能给企业带来根本的提升，还会对企业的发展有不良影响、充满破坏力！他的认知颇有些振聋发聩，笔者将之拆解为 3 点：

1. 现实之中，企业呈两极分化的状态

蒂尔指出，我们对垄断和竞争的认识很模糊，实际上多数企业都更靠近垄断或更靠近完全竞争。比如现实中的老干妈辣酱和其他品牌的辣酱、王致和腐乳和其他品牌的腐乳、特斯拉电动汽车和其他品牌的电动汽车、苹果手机和其他品牌的手机、微软个人电脑操作系统和其他操作系统、微信和其他即时通信 App 等。

2. 垄断令科技企业能够不断创新

在经济学理论之中，完全竞争是市场的理想状态。在完全竞争状态下，市场上供求平衡，企业也各得其所——如果还有利益可图，就会有新公司加入，造成整体市场供给上升价格下降，随之就会有企业亏损退出，市场保持平衡。表面上看，这样的市场简直再公平不过，传统经济理论告诉我们，垄断会阻碍进步，市场垄断会造成小企业难以生存、企业创新停滞不前。

企业垄断的确对于社会发展有不好的影响，它会阻碍产业发展和社会进步。而当科技成为社会发展的主要动力之后，情况发生了改变。由于科技创新能给人类社会带来巨大进步，为了保护科技发明人的权益，政府设立专利局，给勇于创新创造的企业提供法律保护，让他们得以享有垄断收益。正因如此，

垄断企业反而坚持鼓励突破性创新。同时，垄断让企业能够获得超额收益，也能够投入足够的资源用于创新，从这个角度来看，垄断是企业的理想状态[①]。

3. 垄断不但能够给企业带来超额利润，还能让大众受益

谷歌公司有一个很著名的原则叫"永不作恶"（据说已经在2018年删除），它为什么能够多年坚持"不作恶"，某种程度上正因为谷歌的垄断地位，致使谷歌即使"不作恶"也有足够的空间生存、扩张、发展。此外，真正的垄断企业无不重视其社会形象和企业的社会责任，非垄断者则无法做到这一点，处于完全竞争状态的企业往往会拉低社会的道德下线，制售伪劣产品的黑心作坊就是一个例证。

问题在于既然竞争对企业不利，为何有如此多的企业乐此不疲？有的管理者会说，竞争无处不在，它就在你身边，它太重要了，你总不能视而不见吧？我们当前的教育体系是基于工业时代的普鲁士教育体系，它倡导公平竞争，用成绩作为每个学生竞争力的精准度量，分数高的学生既能够上更好的学校也能够取得更有说服力的证书、收获更好的工作机会。在这样的教育体系指引之下，竞争成了每个人脑海中最重要的事情。于是，在走上工作岗位后，与其他企业竞争和"内卷"成了企业

[①] 在《乔布斯传》中，垄断企业施乐在1970年成立的帕洛阿图研究中心（PARC）有相当多领先于时代的研究，苹果公司最早的产品和技术灵感就来自于施乐的研究成果。

发展的唯一选择。

蒂尔认为，竞争是上一个时代的陈旧观念，它扭曲了我们的思想——企业失败的原因只有一个，即无法逃脱竞争。他在美国创办了旨在鼓励高中和在校大学生休学创业的"20 under 20"项目（后改名为蒂尔奖学金），每年选出20~25个20岁以下的青年天才，开始创业之路。这个项目的背后思想是避开竞争性思维，直击突破性创新。

> W在"儿童伦巴"领域获得了成功，但他也有这个阶段的烦恼：儿童伦巴项目是有上限的，他觉得已经很难再进一步扩大规模了。但W和团队都希望企业能更上一层楼。摆在他们眼前的有两个可能的业务方向，一个是将定位扩展为"W儿童舞蹈"，不是仅培训伦巴，而是将业务扩展到整体儿童舞蹈教育行业；另一个是将定位扩展为"W拉丁舞"，即不仅仅面向儿童，而是将成人拉丁舞教育作为主攻市场（拉丁舞的其他几个品类也更加适合成人）。当然，还有第三个选择，就是将这几年挣的钱拿出来投入火热的股市，也许能挣个盆满钵满，有定力的W忍住了诱惑，放弃了第三个选择。
>
> 无论是选择拉丁舞还是儿童舞蹈作为未来的主业方向，也许都是可以的。面对德鲁克的灵魂质问"谁

> 是我们的顾客"这一问题，答对了第一题的 W 接下来面对的是认知拓展问题。

对于成熟产品（不是成熟企业）而言，顾客是谁清清楚楚，销售数据也明明白白。不过，产品越是成熟，认知障碍也会越严重——我们遇到的敌人是我们自己。在这种情况下，最需要的是拓展企业经营者的认知：

1. 初级的认知拓展是扩大顾客的范畴（最常见）。例如一个炸油条的小贩，如果问他顾客是谁，他会告诉你是早晨来他的小摊上买油条的人，或者会告诉你是周围几条胡同的住户。你可以告诉他，他真正的顾客是早晨需要吃早点的人，他的事业是早餐业，或者扩大地域，告诉他，他的事业是整个城市的早餐业。对于成熟产品而言，扩大顾客范畴代表着一种新的角度和挑战。听上去似乎是 20 世纪 90 年代何阳的点子论，其实早在 1960 年，哈佛商学院教授西奥多·莱维特（Theodore Levitt）就发表了《市场营销近视症》(*Marketing Myopia*)一文，其基本观点是企业定位应该以大产业导向为依据，而不是根据自身产品或技术来定位自己。比如说铁路公司应当把自己看作运输企业，炼油厂应当把自己看作能源企业。

2. 中级的认知拓展是分析顾客的关键信息，在现有顾客范畴的基础上深挖顾客的内涵。例如在互联网零售业中，针对干果零食的利基市场，可以通过购买时间（Recency）、购买频次

(Frequency)和购买金额(Monetary)三个指标,坚持以大数据为核心评估,将客群详细分类,为典型顾客(超级顾客)画像;此外,根据零食业的品类特点,对不同地域顾客的零食偏好、口味、购买偏好等方面进行深入分析;第三,和顾客保持密切接触。比如顾客见面会、推广体系和互动营销以及定期的顾客调研等。

3.更高层次的认知拓展是企业和顾客"一体化"——使用产品的用户同时也是产品的开发者和维护者。比如知乎等信息传播分享平台的商业模式就是如此——每天都有来自全球的用户在平台进行数以万计的编辑和更新,消费者和生产者融为一体。其本质是将企业和用户进行直接连接,从供求分离到供求一体化,与之类似的还有流行的社区商务方式[①]。

在进行认知拓展之后,企业未来的顾客是谁、在哪里,用什么模式获得顾客会越来越清晰,这时候在业务方向上做加法(蒂尔称之为并集)方才恰逢其时:

- W 的定位:儿童伦巴+儿童街舞+儿童芭蕾=儿童舞蹈培训

在业务拓展的过程中,早期主业打下的基础至关重要,基础直接决定了新业务展开及获得垄断地位的难度。

如果 W 继续在儿童舞蹈培训业务领域获得垄断地位,那

---

① 制造业的商务活动包括大量销售方式、深度分销方式和社区商务方式,社区商务方式强调企业和消费者之间的一体化关系,例如丰田公司和小米手机社区商务的实践活动。

么同样的逻辑可以再次上演。我们有时候会惊诧于某些企业巨头怎么会有如此大的能量，在企业市值（不是年收入）和国民生产总值（GDP）混排的榜单上，谷歌公司的市值居然超过全球大多数国家的国民生产总值，排在第17位，而排在谷歌之前的还有苹果、沙特阿美、微软和亚马逊！

但如果我们了解了"多米诺骨牌效应"，就知道这其实是自然规律之一：

一件事情的初始能量不大，但如果做得足够好，它就能推动更大的事情！

"2001年，旧金山科学博物馆的一位物理学家基于怀特黑德（Whitehead）的发现，用8个胶合板做成多米诺骨牌重现了实验（图4-2）：每块胶合板骨牌依次比前一块大50%，第一块骨牌高2英寸，最后一块高近3英尺（1英尺≈30.48厘米）。这场多米诺骨牌的表演由一声脆响开始。若称一般的多米诺骨牌效应为"线性"推进，那么我们可视怀特黑德的多米诺骨牌效应为"几何级数"推进。所以，继续实验只能靠想象了。第10块多米诺骨牌已经和美国国家橄榄球队的四分卫佩顿·曼宁一般高，第18块多米诺骨牌媲美比萨斜塔，第23块多米诺骨牌赛过埃菲尔铁塔，第31块多米诺骨牌超过珠穆朗玛峰3000英尺，而第57块多米诺骨牌，足以到达月球！"[1]

---

[1] 摘自中信出版社2015年出版的《最重要的事，只有一件》(*The One Thing*)，作者是加里·凯勒（Gary Keller）、杰伊·帕帕森（Jay Papasan）。

4 战略认知篇

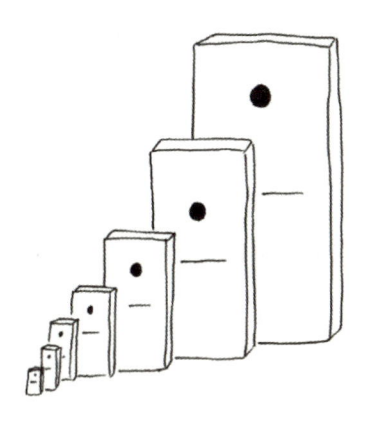

图 4-2 多米诺骨牌实验

谷歌的"搜索引擎"做得足够好,这使得它在做并集的时候能够继续前进,这些年它陆续涉足搜索引擎、操作系统、人工智能、生命科学和图像处理等各个领域,谷歌逐渐成为越来越强大的领域垄断者(当然,还有很多产品和项目失败),领跑若干个领域。

谷歌所涉足的领域,初看起来似乎彼此之间并没有关联,完全是不同的赛道,但德鲁克早在 50 年前就已经给出了清晰的答案:

"企业应在产品、市场和最终用途上实现多元化,并在其基本知识领域上实现高度的集中化;或者,它应在其知识领域上实现多元化,并在其产品、市场和最终用途上实现高度的集中化。任何介于中间的模式很可能都无法取得理想的效果"[1]。

---

[1] 摘自机械工业出版社 2009 年出版的《成果管理》(Managing for Results),作者是彼得·德鲁克。

此外，在企业发展的过程中，执行团队达成共识也很重要，比如说：

— 我们的业务是什么，以及它应该是什么？

这个问题的思考和回答并不需要花费太多时间，甚至在团队中达成共识也不难。难点在于定期反复讨论，并在达成共识后坚持不懈。

"飞轮效应"思维

> 每一家公司都应该具备"飞轮效应"思维。

试想一个场景：

— 一个巨大的石头碾子（北方用于磨面粉的工具）放在打谷场上，一群顽童一起来推，最开始推不动，一圈一圈，慢慢碾子开始动起来，在平地上滚得越来越快，它自身的动量和动能积累到一定程度，已经很难让它停下来了。突然前面出现一个向下的斜坡，碾子开始以雷霆万钧之势向斜坡下滚去。

这就是心理学中所描述的"飞轮效应"——万事开头难。开始时最难，当飞轮旋转起来的时候，它自身拥有了动能，只要施加一点力在上面，它就会持续运行、越转越快——在势能叠加方面，它与上文中讲到的"多米诺骨牌效应"类似。与"多米诺骨牌效应"不同的是，"飞轮效应"特别指向三个方向：

1. 它是一个圆形的轮子，顾名思义，轮子不能是方形，否则其动能就难以积累。

2. 它需要持续不断的外力注入，才能越转越快，否则就会慢慢停下来。

3. 当遇到上坡时，它就需要多一点外力；当遇到下坡，不需施加外力，它也能越转越快。

创业之初，每件事情都必须付出艰辛才能完成，度过了最难的阶段之后，企业组织就开始自发运转，业绩不断提升，企业发展走上快车道——当飞轮快速转起来的时候，企业发展的速度经常超出我们的预期。

当然，多数情况是飞轮转不起来或遇到了种种困扰。这就是本节想强调的：企业管理者的头等大事是完善企业的优势飞轮，并确保飞轮的正常运转。

企业的飞轮究竟是什么？

笔者居住的小区内有多家饭馆，其中一家采用了与众不同的经营模式——以熟客为中心。饭馆不做周边写字楼的生意，将精力都放在小区住户身上，通过了解小区住户的饮食习惯，用精品小碗菜（菜品丰富但量小、价格低）的模式吸引人群、建立口碑，然后用微信群的方式发布新菜品和优惠政策来引流，这样饭馆除了午餐之外，晚餐和周末的人流也得到了保障。如下图所示，这家饭馆已经建立了一个成功的圆形飞轮（图4-3）。

笔者又在这个飞轮上加了一点外力：创新菜品，相信可以使饭馆的业务飞轮转得更快（图4-4）。

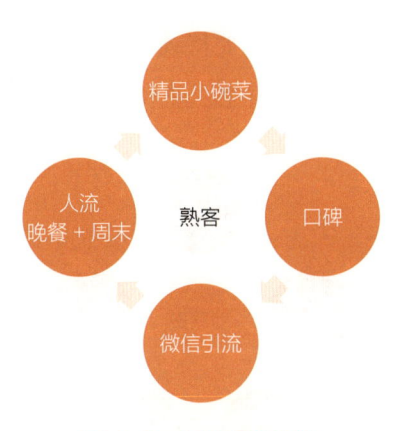

图 4-3 饭馆现有飞轮

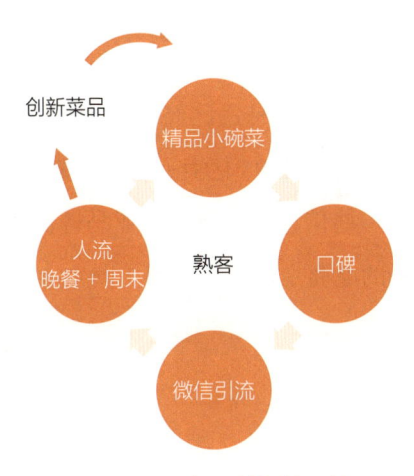

图 4-4 更新后的饭馆飞轮

所有成功的企业都找到了自己的飞轮——成功的关键要素和底层逻辑的循环。亚马逊的创始人贝佐斯受管理学者吉姆·柯林斯（Jim Collins）的影响很大，在 21 世纪初互联网泡沫破灭，很多互联网公司处于困境，亚马逊也是如此，柯林斯

用他的飞轮理论告诉贝佐斯要持续坚持成功的关键要素,千万不能中途动摇。在柯林斯看来,亚马逊的飞轮如下(图4-5):

图 4-5　亚马逊的飞轮

经过多年的发展,亚马逊已经成长为巨型企业。2021年,亚马逊全年销售额达到4698亿美元,市值超过15000亿美元。按照对外披露的一些信息,可以看到亚马逊仍然在采用飞轮思维来思考亚马逊的电商主营业务发展(图4-6):

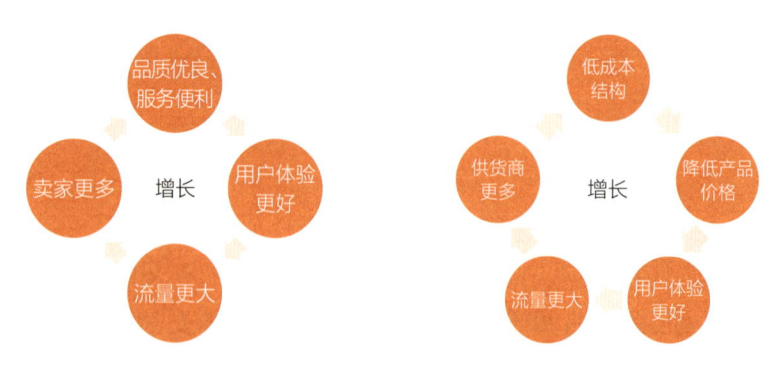

图 4-6　亚马逊的电商主营业务飞轮

❹ 战略认知篇

在媒体的宣传中经常会渲染某一个伟大决策使某企业一飞冲天，大多数人也不排斥这样的说法，因为因果论是人类的习惯思维，我们已经习惯接受某个戏剧化的原因。

不过如果换一个问题的话你就会觉得这种宣传实在是荒谬无比：

——"是什么使飞轮快速转动的，是你推的第 5 下还是第 19 下？"

没有瞬间造就的奇迹，事情不会在一天之内发生，只有持续不断地在每个核心点上推动才会发生奇迹，奇迹是推力总和的结果。

从以上叙述中可以看到，企业的成功依赖于对关键要素的投入和坚持，唯有长期坚持不懈才能使飞轮越转越快。据投资领域的资深人士总结，最优秀的科技创业企业有一个发展规律，即创业 5 年之后，只要管理者愿意，就可以做到盈亏平衡。往往优秀企业都有更高追求，融资和企业的现金流会继续投入研发。创业 10 年左右，企业开始盈亏平衡或小有盈利（在研发投入能够保证的基础上），资金已经不再是发展的拦路虎（一些企业此时已经上市）。创业 15 年左右，企业已经非常优秀，有很多值得骄傲的地方，但似乎还不是全球顶尖企业。创业 20 年左右，突然有一天，飞轮达到临界点，卓越企业诞生。

"打大仗"思维

> 我们不仅能温文尔雅、从容不迫，在特殊时期也能成为虎狼之师！
>
> ——杨元庆

创业企业的生存期都很艰难，钱不够花、人不够用、产品不够好、顾客不认可……逼得创业者拼了命赌一把，带领团队以前所未有的激情投入到工作之中，最终走出了创业的"死亡大裂谷"。

因此，创业者往往对"All In"这个词即心怀向往，又心存畏惧。向往的是那种不顾一切、赌上全部身家后最终获得成功的成就感，畏惧的是一旦失败便将万劫不复。

在过了生存期之后，创业企业再想要飞速成长，像宇宙飞船突破光速进行"跃迁"，其可能的前提有3点：

前提一：产品满足市场需求，一下子成为爆款，获得极大成功。以照片墙（Instagram）为例，2011年的某天凌晨3点，照片墙创始人凯文·斯特罗姆（Kevin Systrom）被预设的服务器过载警铃吵醒，原因是在几天之内，不知不觉之间，照片墙用户量飞速上涨,在没有任何营销举措的情况下,居然从 10 万增长到 100 万之多,该应用的病毒式传播速度让人始料未及。2012 年 4 月,在创业仅仅 18 个月后,脸书(Facebook)用 10 亿美元的天价收购了凯文的创业公司。

前提二:通过自身的努力打赢大仗,从而跃过"龙门"。从 2008 年开始,奇虎 360 在电脑杀毒市场发起免费杀毒大战,这是一场颠覆市场格局的战役,最终奇虎 360 取得了胜利,并得到了近 6 亿用户的拥戴。2018 年,奇虎 360 回归国内 A 股市场后,市值一度超过 4000 亿元人民币。

前提三:外部环境发生极大变化推动企业成长。比如因政策或环境突变,所在行业成为风口。自中国大陆改革开放以来,房地产、煤炭开采、互联网 +、新能源等多个领域陆续出现大大小小的风口,由此发生跃迁的企业不胜枚举。但这样的企业普遍存在隐患,即当风口过去,如果企业仍未长出"翅膀","飞上天的猪"迟早会掉下来!

综合来看,前提一发生的概率相当低,大致和买彩票差不多;前提三则同样需要运气成分,而且命运并非由自己掌控。唯有前提二,打大仗、跃"龙门"的方式则是企业"跃迁"的过程中最靠谱的方式。

以下用一个案例介绍一家擅长"打大仗",跃"龙门"的企业——联想。

1992年，中国的改革开放登上了一个新台阶。政府宣布取消微型计算机（简称微机）的进口调节税，同时把微机的关税从50%调整到20%，然后很快关税税率又调整到9%，微机整机进口的大门完全打开。国际大企业、大厂商涌入中国，IBM、惠普、康柏、AST、宏碁开始和国内厂商站在同一个起跑线上。

　　1993年年底的中关村电子一条街是中国IT产业最先进的地方，但站在街上望过去，基本上满眼都是康柏、IBM、AST和惠普的广告牌，国产电脑的广告牌几乎看不到。联想当时也有自有品牌的电脑，但销量很小，只占销售收入的百分之十几，主营业务是代理业务。

　　到了1994年年初，由于大势所趋（自有品牌微机销量极低、毛利极低），所有国有微机品牌都必须选边站——要么做自有品牌，要么就乖乖地给外资品牌做代理。联想必须认真考虑停用联想电脑这个品牌，业务收缩只做外国厂商的代理。当时，其他厂商已经完成了选边站——长城电脑选择代理IBM、方正科技选择代理DEC、四通公司选择代理康柏，联想选择了谁呢？没有！

　　柳传志当时正在北京301医院住院，他在病床上拍板决定做自有品牌微机，原话是："至少也要拼命赌上一把，就算牺牲了，也要慷慨就义。"在这件事上，倪光南和柳传志两人的想法出奇地一致，倪光南说："我们国家还要不要自己的计算机工业？都说要，那么谁来做这件事？事实上，这个重任已落在联想身上。不管我们愿意不愿意，实际上已经充当了民族计算机工业的旗手。"

既然不退出，就要准备打大仗！

在决定做自有品牌的同时，联想大胆起用新人成立微机事业部，让年仅31岁的杨元庆担任微机事业部的总经理。而且微机事业部和其他事业部不一样，所有的权力都交给杨元庆，这些权力原来是分散在4个联想的副总裁手中，包括微机的研发、生产和营销，将这些领域的事权、财权和人权一股脑都归于微机事业部，31岁的杨元庆大权在握。

杨元庆上任后立即在营销上发力。通过学习惠普公司的营销体系，杨元庆很快决定废掉原有联想的直销体系，几乎所有老联想人（当时联想内部分为老联想人和新联想人，老联想人多出自中科院计算所）都反对，要知道，当时80%的销售额都是由直销体系贡献的，要是废掉原有体系，销售额直线下降怎么办？杨元庆根本不管别人怎么说，微机事业部最终废掉了原来的直销体系改用分销体系。紧接着，通过深入的市场研究，微机事业部推出了联想E系列、G系列和P系列电脑以及后来大获成功的联想1+1家用电脑产品。注意，杨元庆推出新产品并非是在产品上发力，而仍然是在营销端发力。杨元庆的方法是选定细分市场，明确顾客定位，然后给电脑起新名字改配置，并全面降低产品价格，这是一套营销组合拳。这一套拳法起到了非常直接的作用，联想自有品牌电脑销售量节节上升，当年销量达到45000台，增长100%，当年占据的市场份额达到全国份额的8%。

这是1994年联想打的第一仗，这仗打完，联想的自有品牌算是立住了。

接下来，杨元庆在1996年打响了第二仗。他制订了一个严密严谨，但是目标很狂野的计划报送总裁室和董事会。当时的联想品牌只占有全国8%稍多一点的市场份额，而杨元庆的目标则是18%，超过IBM和康柏，占据中国市场份额第一。几乎所有人都觉得杨元庆疯了，包括他的爱将刘晓林都觉得这是完全不可能做到的事情。

之所以要制订这样狂放的计划，是因为杨元庆发现，如果按当时的状况持续下去，联想不可能继续实现"跃迁"（1995年联想的市场份额几乎不变），而他敢于拼命赌一把的原因则是他似乎摸到了摩尔定律在芯片降价上的一些规律。

柳传志也具备同样的"赌性"[1]，在柳传志的支持下，杨元庆开始按照目标倒推，研究联想如果要占据中国市场份额第一的话，销量应该达到多少？渠道要有多少家？渠道的能力应该是什么样？通过计算未来的市场总量来确定自己的销量，然后明确生产能力是不是跟得上，质量是不是能够有保障？资金周转是不是能跟得上？采购是否能跟得上，如果跟不上，是不是立即要找新的供应商？在一切准备就绪之后，杨元庆决定在1996年3月15日推出大陆首台万元以下的奔腾机，他通知生产线开足马力，通知销售、市场、物流、采购等各个部门开始准备"打大仗"。

奔腾机就是"586"电脑，当时卖价很高。要知道，"486"电脑在当时还要卖到15000元左右，杨元庆想要把奔腾机卖到10000元以内，冒了巨大的风险。杨元庆测算，如果按照英特尔的降价规律，联想可以打时间差，把原来卖价极高的奔腾以9999元的价格卖出，仍然只赚不赔，从而降维打击IBM、惠普、康柏等国外品牌，抢夺它们的市场份额。这里面的风险

---

[1] 德鲁克给创业者推荐的四类战略之首就是"孤注一掷"的战略，他认为，当机会大到一定程度的时候，通过深思熟虑和深入分析，创业者选择"孤注一掷"的战略可以获得丰厚回报。

是"486"电脑价格也必须因此下降，而联想库存中还有大量"486"电脑的库存，如果这时候奔腾机的销量上不去，联想公司将会损失惨重。

抓住了市场规律的杨元庆又一次成功了，订单像潮水一样朝公司涌来。但最成功的是他发现了国外品牌的软肋，第一次确立了对于国外品牌的营销优势。这个软肋就是国外大牌微机在国内的经营组织方面有着巨大的问题——决策链条长、反应慢，直到1996年5月份，IBM、惠普等国外品牌的"486"还卖15000元。

到1997年年初，在短短不到一年的时间内，联想电脑的中国市场占有率已经从8%升到了18%，成了市场第一，IBM降到了12%，曾经占据大陆市场份额第一的品牌AST几乎已经完全出局。联想公司从此成为中国微机市场的龙头老大。

2004年，联想打了第三仗——收购IBM的个人电脑业务，这一仗的凶险并不小于前两仗，本文对这场战役的细节不再详述。结果是，联想在大多数人不看好的情况下打赢了，一举成为全球微机市场的领跑者。

企业从平凡走向卓越的关键是需要在恰当的时候抓住合适

的机会，敢于打大仗，"跃迁"的机会只会给有准备、有激情的企业。

从具体操作的角度来看，打大仗需要做好四个方面的准备：

1. 分析行业规律，找到和自身企业匹配的商机。

当前，在互联网、人工智能、生物技术、纳米技术、AR/VR这五大通用目的技术（General Purpose Technology，GPT）——对经济和社会影响巨大，具有巨量技术互补和溢出效应的基础性技术的影响下，催生出了越来越多改变世界、改变产业结构的企业和商业模式，今天的商机不再稍纵即逝，关键在于找到最匹配自身特点的商机。

2. 收拢资源，攥紧拳头。

资源有限，想要在市场上击败仰之弥高的竞争对手，就必须收拢有限的资源，攥紧拳头打出去。

3. 团结压倒一切，拧成一股绳向前冲。

1994年，外国品牌大举进入中国，把几乎所有的中国品牌打得落花流水，联想公司所有人的心中都憋着一股劲儿，"产业报国"的企业愿景自然凝结而成。联想决定做自有品牌电脑的决策恰好与此愿景无缝连接。在目标既定、动员到位的情况下，联想众志成城，所有的干部、员工拼了命的努力工作。

4. 激情和韧性。

在拥有激情的同时需要兼具韧性，大多数事物发展绝非媒体故事或管理案例中所描述的一帆风顺或有奇特的戏剧性，所以无论遇上什么样的艰难险阻，不要轻言放弃。打大仗，是检验组织成色的最佳工具、也是团队淬火成钢的最佳契机。

看准了，做好一切准备，团结所有可以团结的人，背水一战。

我们的事业是什么

> 事实上,"我们的事业是什么"从来都是个难回答的问题,只有经过努力思考和研究之后,才答得出来,而且正确的答案通常都不是显而易见的……未能回答这个问题是企业失败的主要原因。
>
> ——《管理的实践》,彼得·德鲁克

现实中常能看到,企业在经历一段高速成长之后,会出现种种业务和组织问题,包括业务增长乏力、发展方向不明、核心团队内斗、创业热情下降、员工缺乏自驱力等,严重的直接影响企业生存。对这些问题的认识,最初往往归因于企业创始人能力不足、企业扩张太快、领导班子乏力、内部氛围不佳、员工素质低下等因素,解决方案则是创始人热衷于参加各类培训、提高认知能力、扩展人脉关系,启动战略规划、启用信息管理系统、开展文化建设、用股权激励员工等。问题是,这些解决方案都是"反射性"方案,见招拆招,没有能更深层地思考困境和问题的由来。

多数困境和问题的根源都出自企业未能建立自身的"事业

理论"。"事业理论"的概念出自德鲁克,是德鲁克在其名著《管理的实践》中提出的最令人瞩目的两个概念之一(另一个概念是目标管理)。本节不打算系统讨论"事业理论"的内容,而是简要地讨论如何用事业理论思维来思考企业经营中所遇到的问题。

所谓"事业理论",用极简的方式来表达,就是你如何看待自己正在干的事业:

— 你究竟在为谁服务?

— 产品和服务的内容是什么?

— 你凭什么服务?

— 未来你应该怎么做?

表面上看,这些内容都是不言自明、一目了然的事情,实际上,管理者对以上问题的认知在很大程度上决定了企业的未来。

你究竟在为谁服务?

顾客是谁总是不清晰的。

例如,有一类产品是减肥保健品,市场不大、声誉也不好,同时市场上也没有特别强势的产品。这类产品习惯于定义自己的顾客为"胖人群体",销量总也上不去,很可能原因在于顾客群体定位不清晰导致产品卖点模糊、广告投向模糊。如果下沉一级重新定义顾客群体,将"胖人群体中的微胖群体"或"正常体型群体中的偏胖群体"定义为企业的利基市场顾客,找到相应消费场景,并开发精准卖点,配置相应广告和营销渠道，效果也许会完全不同。

麦当劳 2002 年的亏损也能说明这个问题。

2002 年 12 月，全球快餐连锁巨头麦当劳发布亏损公告，这是麦当劳上市 36 年来的首次亏损。麦当劳的金色拱门一直是美国的标志品牌之一，是"最蓝的蓝筹股"，但非常明显的是，麦当劳出了大问题。先知先觉的股神巴菲特甚至在 5 年前，即 1997 年就抛售了他手中的大部分麦当劳股票。

问题出在哪里呢？新任首席执行官吉姆·坎塔卢波（Jim Cantalupo）很快就找到了问题所在，麦当劳把自己的首要顾客是谁搞错了！在普通人看来，麦当劳的顾客当然是消费者，可是麦当劳内部的管理者当时并不持这样的看法。麦当劳的主要利润来自加盟商提供的地产收益和租约收益，因此上一任首席执行官杰克·格林伯格（Jack Greenberg）在任的 5 年间，以增加海外连锁加盟店为己任，麦当劳全球连锁店的数量迅速从 8000 家增加到 15000 家。麦当劳的核心顾客是地产商和加盟商，其商业模式是用低租约从地产商手中长期租房（或直接购买地产和房产），改造之后将其高价租赁给加盟商（另行收取加盟授权费），同时给加盟商提供产品、管理和服务的各类支持，最

> 终使得麦当劳、地产商、加盟商获得多赢的局面。
>
> 正因如此,麦当劳的资源是围绕加盟商投入和展开的,比如让他们能更快地开店、更快地收回成本等。不可避免地,它不重视消费者的意见和反馈,顾客开始抱怨麦当劳的汉堡味同嚼蜡,是垃圾食品。这导致麦当劳单店营业额不断下降,市值大幅缩水。
>
> 坎塔卢波的解决方案是重新思考"谁是我们的顾客"这个问题,然后向所有员工宣布说:"消费者是麦当劳的新老板。"麦当劳开始认真聆听消费者的意见,调整组织结构,开发更符合需求的新产品,同时开始关闭不合格的加盟店。麦当劳就此逐渐走出低谷,开始步入新的辉煌。截至2019年年底,麦当劳的市值达到1300亿美元,超过了星巴克和肯德基市值的总和。

对于企业而言,必须要非常明确自己所服务的顾客是谁,如果像麦当劳这样的巨型企业都搞不清楚谁是他们的真正顾客,那么企业的顾客究竟是谁这个问题,是否值得企业管理者花点时间和精力去反复思考呢?

产品和服务的内容是什么?

在最理想的情况下,企业产品和服务的内容与顾客的需求完全对应。

❹ 战略认知篇 ✓

顾客对产品和服务的需求并不容易了解，比如说买高档汽车买的不是代步工具而是身份和地位；小摊顾客的需求不是吃油条而是要"方便地吃到早餐"；家庭主妇不是要买锅而是要买"便捷的食物烹调工具"，秘书要买复印机不是要买机器而是要买"快捷、方便、清晰地复印服务"等。经过多年市场经济洗礼之后，我们可以很容易地理解这件事。

为了解顾客的需求，明确自己的产品和服务的方向，应该将需求研究工作设计成企业的系统行为，长时间坚持并不断迭代。同时，要时时审视自身所提供的产品和服务，每隔一段时间就进行深入讨论和思考。

有些顾客的需求并没有摆在眼前，顾客甚至不知道自己想要什么，这样的需求是调研不出来的，虽然顾客无法描述产品的功能和自身的需求，但他们渴望获得这样的产品。这时，要求企业提供顾客意想不到的产品和服务，从满足顾客的 need（需求）到创造顾客的 want（想要的）。

企业的使命就在于创造顾客，创造顾客的"want"，越是有使命感的企业和越是有使命感的企业家就更容易创造出影响力极强的"want"。2011 年 10 月 5 日，苹果公司创始人乔布斯去世，令人震撼的是，全球有数百万人为之哭泣哀悼，就像哀悼歌手约翰·列侬（John Lennon）和民权领袖马丁·路德·金（Martin Luther King）一样，唯一的解释是，乔布斯创造出了民众心中的"want"，它们是 iMac、iPhone、iPad、iPod，他是时代的英雄。

175

你凭什么服务？

在明确顾客和顾客对价值的看法之后，事业理论思维还要求你必须明确顾客为什么会接受你的服务？

在任何市场，哪怕是利基市场或蓝海市场，都有一定数量的竞争者，这时，你需要明确你和竞争对手之间有何不同？是产品形式、技术含量、服务方式、服务区域还是顾客关系？表面上看，不同之处一目了然，但有两点内容需要管理者深入思考。

首先，企业成功的契机由机会导向转向能力导向。一些企业早期取得的成功是依靠创始人的眼光、胆识和魄力，抓住某个不常见的机会，凭借特别的运作手法一举成功。企业要持续取得发展，必须要从机会导向转向能力导向，发展出系统的、组织化的竞争优势。

其次，企业要坚持一个优势方向，咬定青山不放松。企业在确定了技术、成本、顾客关系其中之一作为主要优势方向（三选一，不能选两项）之后就不能摇摆，将企业的主要资源投入进去，并持续跟进。笔者见过一家初创企业早期的技术领先，但接下来创业者把主要精力和资源都放在维护顾客关系上，几年下来，产品的技术优势与竞争对手的差距日渐缩小，而顾客关系仍然不够硬，企业发展开始缓慢。实际上，几乎没有企业能同时选择两个优势方向，所有优秀企业都是在它选择的优势方向上做到了最佳。在强调均好性的同时，企业的优势方向越突出，企业发展之路就越顺畅。

未来你应该怎么做?

"事业"在德鲁克的著作《管理的实践》中原文中是"Business","Business"在英文中是指"生意"或者"买卖",译者齐若兰女士为此煞费苦心,她认为中文"事业"的内涵与德鲁克想要表达的原意更贴近。的确如此,管理者应该明白,企业要经营的不仅仅是"买卖",更是"事业",要目标清晰地为顾客、为社会提供价值。

如果管理者心存高远,就需要在思维上上一个台阶——从企业使命的角度来理解企业的事业理论思维。"使命"并非可有可无,也不是虚无缥缈的文字游戏,它应该而且必须能够直接指导企业的重大决策,你可以将使命理解为企业目标崇高化,将企业的目标化作一面具备强烈感召意识的大旗。

可以用一个简单的句式对企业的使命进行表达:

- ××要求××用××为××提供××
- 例:社会要求我们用××产品/服务为××顾客群体提供××价值
- 例:脸书的使命是把人们连接在一起,这个使命可以表达为"我们用创新的产品为全体人类提供连接服务"

也就是说,在上例中,由于使命的限制,脸书不能去做和连接服务无关的事情,包括房地产、生物医药或3D打印,不管自身的赢利状态如何,都要在连接服务这条极宽的赛道上不断前行①。

企业要尽可能地清晰描述自身的使命，并以此引导自身的重要决策，其中主要包括如下四个议题：

— 议题一：当前有哪些机会我们可以去尝试？
— 议题二：当前有哪些机会我们必须放弃？
— 议题三：当前有哪些业务我们应该有计划地放弃？
— 议题四：为了完成我们的使命，还有哪些必须要去做的事情？

用事业理论思维来思考企业所遇到的问题有相当大的难度，它涉及管理者需要将一些表面上看来不言自明、一目了然的事情放入自己的视野之中，并不断和合作伙伴一起深入探究和思考。从某种程度上说，它的困难在于人类的认知障碍，"不识庐山真面目，只缘身在此山中"。

---

① 2021年10月29日，脸书改名为元宇宙（meta），宣布进军元宇宙，主业务模式仍然是为人类提供连接服务。

事前验尸思维

> 要是知道我会死在哪里，那我将永远不去那个地方。
> ——《穷查理宝典》（Poor Charlie's Almanack），
> 查理·芒格

多数人都认为自己是理性的，但这种理性往往是想当然的。在企业组织之中，过度自信的风险有可能被群体认同光环所放大。

是否能通过训练克服个人的过度自信？

著名心理学家卡尼曼认为过度自信是系统 1[①]（无意识的快思考）的结果，自己无法有意识地控制。但幸运的是，企业组织有可能采取"事前验尸思维"抑制个人在企业决策过程中的自信。

所谓"事前验尸"，就是在决策前提出决策失败造成的结果，并分析失败原因。

[①] 参考中信出版社 2012 年出版的《思考，快与慢》（Thinking, Fast and Slow），作者是丹尼尔·卡尼曼。

笔者的一位朋友在烘焙方面不但有热情还有一定的天赋，她烤出来的面包和蛋糕，不但好看，而且非同一般地好吃，每次吃她分享的东西都是一种享受。

慢慢地，在身边朋友的鼓励下，她有了创业的想法，琢磨着要不然开一个小的烘焙作坊试试手。在询问我意见的时候，我鼓励她可以试试，但一定要做好失败的准备。她回答说她觉得自己不会失败，再说了，即使卖不出去也就损失一点买面粉和烘焙材料的费用，也没多少钱。

于是，针对她表现出来的自信，笔者问了她几个问题：

— 要是初期销售不错，你是否会扩大规模呢？
— 扩大规模之后，避免不了的产品质量下降怎么办？
— 如果质量下降导致销售骤减怎么办？
— 如果生意维持不下去了，房屋租金要不要继续支付、机器设备要不要处理、聘用的人员如何遣散？
— 生意失败，一共赔了100万，怎么和家里人交代？

她沉默了，陷入思考之中……

"事前验尸法"由美国心理学家加里·克莱因（Gary Klein）最早提出，他认为组织决策被认定之前，需要让所有相关人群都参与其中，并且做"事前验尸"，即"设想我们在一年后的今天已经实施了现有计划，结果是惨败。请用 5~10 分钟写下这次惨败的缘由。"[1]

就像验尸官在检验尸体一样，如果最坏结果发生，我们要知道决策失败由什么原因导致、会产生什么样的结果、这个结果我们是否能承受？在经过"验尸"之后，我们就能够将决策中过于乐观的地方寻找出来，以及对可能发生的问题做好心理准备和实际预案。

在企业中，"事前验尸"这件事说起来容易，实际执行却困难重重。

不是因为拥有事前验尸思维的人过少或者缺乏这种意识，而是因为企业的氛围让人无法畅所欲言。设想一下，在前面"烘焙创业"的例子中，如果笔者和创业者之间不是朋友关系而是上下级关系，那么我是否会如此直言不讳？

所以，企业的重要任务是营造一个能够畅所欲言的氛围。不过正如我们所知，这种氛围的营造是长期的过程，需要在实际工作中一点一滴地浸润。比较直接的方法是采用流程化管理——将"事前验尸"作为组织制度固化下来，项目决策之前

---

[1] 摘自中信出版社 2012 年出版的《思考，快与慢》，作者是丹尼尔·卡尼曼。

召开单独的"验尸会议"：

- 会议时间：计划和项目方案完成，开始实施之前
- 会议参加者：所有项目参与者
- 会议主持人：第三方为佳（如果请不到第三方，也不能由项目负责人担任）
- 会议议程：

  ➢ 假设项目失败
  ➢ 每个成员单独列出可能导致失败的所有原因
  ➢ 每个成员单独列出失败的后果
  ➢ 所有人员就每个原因和后果进行深入讨论
  ➢ 每个成员提出降低失败风险的修改意见或者其他建议
  ➢ 所有人员就修改意见或其他建议进行深入讨论

今天有很多企业都开始在项目结束后召开"事后复盘"[①]会议，这是一个很好的习惯。与此类似，项目开始前召开"事前验尸"会议也可以有效提高项目成功率。"未虑胜、先虑败"，不讳言失败，甚至以失败为母是管理者优秀的思维习惯。

---

① 复盘是围棋术语，棋手下完棋后双方再把刚才的棋再走一遍，然后就每一手关键棋互相交流心得，以此获得棋力的提升。工作中的复盘指工作完成后再回顾一遍工作过程，总结过程中的得失。

组织认知篇

5

组织创新思维

> 在工商企业组织中,创新像市场营销一样,不能只看成是一项独立的职能,它不仅局限于工程部门或研究部门,而是涉及整个企业、所有职能和所有活动。
>
> ——《管理》(Management),彼得·德鲁克

关于创新思维,20世纪50年代,美国心理学会主席J. P. 吉尔福特(J. P. Guilford)给出了一个经典的概念,他认为,创新思维是个体创造力的核心,它的主体表现是发散性思维。

发散性思维是什么,它为什么重要?

先解释一下"发散",数学上的"发散"是指一个没有极限的级数。物理学上的"发散"是指某种物质(例如光线)由一点向四周散开。发散性思维是指人类大脑在思维过程中的不定向状态,可以这样说,发散性思维之所以是创新思维的主体,是因为真正的创新是创造一种从未在世界上出现过的东西。当一个问题摆在眼前的时候,在没有规范的情况下我们也许可以想象出非常多的方式解决。但如果解题者经常被告知问题有唯一解,并且受到种种约束,那么真正的创新就不容易

出现。

斯坦福大学教授蒂娜·齐莉格（Tina Seelig）一直鼓励大学生以创新的方式解决问题，在她的著作中讲到留给学生的一个作业：

"如果你只有 5 美元和 2 小时的时间，你打算如何用它们来赚钱呢？"

"我把他们分成 14 组，发给每组一个信封，里面装着 5 美元的'创业资金'。在打开信封之前，他们可以用任意长的时间来筹划，不过，信封一旦被打开，他们就只有 2 小时的时间利用这 5 美元来赚钱了。活动从周三下午开始，周日晚上结束。到周日晚上时，每队都要制作一份 PPT 给我，说明他们在这段时间里的具体行动，并且要在下个周一的下午向全班同学展示活动细节。这项活动是为了充分发挥同学们把握机遇、挑战假设、平衡资源、勇于创新的创业精神和创新能力。"[1]

面对这个有意思的问题，你会怎么思考？

最容易想到的办法就是用这 5 美元做启动资金，做点小买卖，比如卖点汽水，在学校里给人送送快递、洗洗车等，但因为时间限制，根本挣不来什么钱。

有两个小组发现了不同的方法，他们没有受启动资金 5 美

---

[1] 摘自陕西师范大学出版社 2010 年出版的《真希望我 20 几岁就知道的事》(What I Wish I Knew When I Was 20)，作者是蒂娜·齐莉格(Tina Seelig)。

元的限制，而是去找更有价值地发挥人力资源的方式。一个小组发现了周六热门餐厅的等位需求，于是他们尝试从不想排队的人身上赚钱，两人一组，在周六分头向餐厅预订座位，再把座位卖给有需求的人。另一个小组发现了学生宿舍前有给自行车打气的需求，而且需求很旺盛，其实服务很简单，就是给学生免费检验自行车胎压，如果需要打气就收一美元费用。两个小组凭借发现的商机获得了上百美元的收入。

赚钱最多的一组真正地跳出了老师预设的圈子，也赚到了最多的钱——650美元。他们重新思考了自身所拥有的资源，最后发现最大的资源既不是启动资金5美元，也不是小组的人力资源，而是小组用来向全班展示活动的那3分钟（斯坦福大学的讲台是很宝贵的），于是，他们将这3分钟展示时间转让给一家希望能招聘到优秀斯坦福学生的企业，通过帮助企业制作招聘广告和销售展示时间，他们获得了最终的优胜。

北京有一所面向高年级学生（八年级以上）的创新教育学校叫探月学院，在它入学招生的申请表中有这样一个问题：

— 分享10种徒手打开核桃的方法。

类似这样的问题，并没有标准答案，它所需要的就是发散性思维。下面的答案是笔者上初中的儿子在很短的时间内写出来的：

1. 使"龙象般若功"，攒足力气往地上一砸；
2. 把核桃平放在桌上，使"泰山压顶"，压碎核桃；
3. 给宠物狗磨牙；

4. 仿照马德堡半球实验，把核桃分为两半；

5. 从客机上把核桃扔下去；

6. 用上金刚指力，硬把核桃捏碎；

7. 在核桃上放上白蚁，让它们啃一个小时；

8. 让核桃待上100年后，用手轻松掰开；

9. 在啄木鸟啄树的时候，拿布蒙住啄木鸟的眼睛，把核桃放在它啄的地方。

（他就写了9种）

发散性思维的本质是在大脑中不受约束地建立连接，为解决一个问题，将可能的各个维度的资源都呈现出来、连接起来。比如说麦当劳的创始人雷·克罗克（Ray Kroc），正是因为发现加利福尼亚州的一个汉堡店居然将福特汽车的流水线作业的方式移植到汉堡的制作上，从而使得制作质量稳定、速度飞快。这个创新无疑是发散性思维的结果，从这个创新中发现了巨大商机的克罗克由此开启了麦当劳王国。

然而，发散性思维并不等同于创新思维。

吉尔福特关于创新思维的概念局限于个人能力范畴，但创新还可以从组织能力的角度进行阐述。德鲁克认为，组织中的创新职能并非单一的职能，它涉及整个企业的所有职能和所有活动。

以下笔者将从三个维度来谈创业企业如何思考组织创新。

— 维度一：被恐惧压抑的创新思维。

— 维度二：信任是最好的创新氛围。

— 维度三：不妥协的高绩效企业文化。

被恐惧压抑的创新思维

人类是一种群居性动物，在漫长的原始社会中，如果某人不受部落中其他人的欢迎，他就有可能被赶出部落，生存维艰，且无法找到配偶。因此人类天生就恐惧被孤立，这是数万年来不断被强化的基因。而创新的过程需要持续不断地假设、实验和测试，已经完成的产品也需要不断迭代，这意味着错误率和失败率高得惊人、不可能有人每一次都做对。一个资深的企业成员通常情况下不会去碰一个从来没做过的新项目，因为他害怕失败、害怕被孤立！

为了验证以上概念，谷歌公司对自己内部的180个团队进行了研究，最终发现，团队创新能力与团队成员的"心理安全感"直接相关。创新能力最强的团队，其中每个成员几乎都可以毫无顾忌地表达自己的想法——虽然这个团队中成员智商表现平平，但他们的创新成绩远高于那些极其聪明的人组成的团队。

换句话说，组织创新思维被团队中的恐惧所压抑！

不讳言失败，为失败而喝彩，可以充分释放创业团队的恐惧。在创新型企业之中，由于不断摸索前行，过程中总会犯各种错误，因此大家对待失误或失败的态度成为关键问题。第一种解决方式是批评，批评势必会导致士气低下，导致成员的贡献和探索的意愿不足；第二种解决方式是淡化处理，但这么做会让当事人产生被忽视或者不过如此的沮丧感，不利于进一步改进；第三种解决方式是专门为他搞个仪式——"祝贺你搞砸了！"这会让当事人觉得受到了关注和鼓励，愿意加速改进工作并继续冒险——没有犯错，何谈创新！

信任是最好的创新氛围

管理者往往是技术或者产品方面的高手，事必躬亲，这样就会引发一个问题，即管理者习惯于"微观管理"，说白了就是"一竿子捅到底"——无论是技术路线和框架，还是具体路径和实现方式，都有一个高手在员工身边喋喋不休，代价是伙伴失去了自主性、不敢表达自己的意见，企业很难有"自下而上"的持续创新。

"微观管理"的本质是对团队伙伴的不信任，有一个效应叫"皮格马利翁效应"（Pygmalion effect）：古希腊神话中，塞浦路斯国王、雕塑家皮格马利翁爱上了他自己的作品，爱得如痴如醉，在他的期待和祈祷下，雕像活了过来并成为他的妻子。该效应与期望和信任有关，其背后隐含了人性——包括人自我实现的激励机制，因奖励而加强的行为，以及认知、行为与环境三者交互作用对人行为的影响等。

为了证实皮格马利翁效应，1968年，美国心理学家罗伯特·罗森塔尔（Robert Rosenthal）做了一个著名的实验。他在一所小学里告诉校长和老师要评估在校学生们的未来发展前景，并将一份"最有发展前途

> 学生名单"秘密地交给教师,并要求其严格保密。在这份名单上,有一些普通学生甚至差生,罗森塔尔告诉老师,这份评估针对的是学生的未来,而非现在。
>
> 8个月之后,罗森塔尔回到这所小学,发现几乎所有在这份名单上的学生成绩进步得更快、性格更开朗活泼、跟老师的关系也更好。校长和老师对此极为惊异,觉得心理学太神奇了。但罗森塔尔告诉他们名单是随机生成的,与心理评估毫无关系。真正影响学生表现的是老师对这些"天才学生"的潜在关爱、信任和期望。

这就是皮格马利翁效应在现实中的体现,期待和信任是一种改变人行为的巨大能量,能产生意想不到的奇迹。

管理者对伙伴的信任和期待有着巨大的作用。人潜意识中会按照别人的期待行事,如果团队中有着浓浓的信任氛围,团队成员愿意把后背交给自己的伙伴,那么每个伙伴都会敢于创新、勇于创新、精于创新,结果是每个人都会以肉眼可见的速度成长起来。联想和阿里巴巴公司在创业期都有"十八棵青松"的说法,这些人都不断成长,陪着企业走过了很长一段路,而不是几年过去就跟不上企业发展,然后面临被淘汰的命运。

要想提升组织中的创新氛围,就需要从改变"微观管理"

模式开始，从内心信任和欣赏他人的行为，表达对伙伴的认同，从而激发伙伴的创新激情和工作热情。以上结论也得到了神经管理学（一门神奇的学科）的充分验证——信任必然提升员工的归属感和协作意愿。当某人对企业有强烈归属感时，体内分泌的催产素就会增多，人体组织内部供氧量大增，其外在表现和协作意愿就会更好。

不妥协的高绩效企业文化

不少创业企业中人际关系和谐，领导和员工互帮互助、亲如一家，但这样的企业在创新方面表现得不好，为了维护和谐的气氛，领导总是不愿或不敢对员工提出更高的要求，过于注重和谐的企业文化造成了创新精神的萎靡不振。

企业是社会的经济器官，实现高绩效是企业内生的本质要求，如果企业中的人际关系不是以取得高绩效为基础的话，看似和谐的人际关系实际上是虚假和脆弱的。

在具体企业实践中，要注意三种倾向对不妥协的高绩效企业文化有很大伤害。

第一种是保守倾向。以下是关于保守倾向的一些言论：

- 这不符合××规定；
- 别胡思乱想了，先干正事；
- 在我们这儿，事情是这么干的；
- 这想法太荒谬了，管理层是不可能批准的；
- 我们以前尝试过这个想法；
- 你还太年轻，过两年你就明白了；

— ……

第二种是防止冲突的倾向。

很多企业倡导宽松式、家庭式的管理，管理层之间、管理层和员工之间、员工和员工之间尽量避免冲突，营造出一种亲密和谐的文化环境。但这样一来，企业的绩效就不可能太高。

在企业中要考虑的不是"某人是否会对此不高兴"，而是"怎么做才是对的"以及"我们是否走在正确的道路上"。要记住的是，饼做大了才有的分——对每一个企业伙伴而言，企业发展前景和个人的工作成就感非常重要，个人只有创造高绩效才能获得自我满足和成就感，如果企业中的多数人都能创造高绩效，企业发展前景一定不错。

我们幼时在父母强压下背诵的古诗文、被教练呵斥着学会的技能、顶着管理层的高压完成的任务，都成了我们日后骄傲的资本。不和现实妥协、追求高绩效和创新的文化，无论对于企业、学校还是家庭都是有益的。

第三种是片面强调绩效的倾向。

在打造不妥协的高绩效文化的同时，要谨防"绩效主义"。日本索尼公司是一个很好的反面案例。2007年，索尼公司前常务理事、机器人研发负责人土井利忠用"天外伺郎"的笔名发表了一篇在网络上传得沸沸扬扬的文章，文章名字叫《绩效主义毁了索尼》。土井利忠的观点是，20世纪90年代中期，索尼开始实施以绩效考核为中心的"绩效主义"，在"激情集团"消失的情况下扼杀了索尼曾经的"挑战精神"和"团队精神"，导致了索尼在新时代的溃败。

从索尼的例子可以看出，只强调考核的绩效主义模式会导致短期主义、本位主义和功利主义，对企业有很大的伤害。不了解这点，许多企业盲目实施 KPI 绩效考核制度和末位淘汰制度，将绩效主义视为科学管理方式。

这也是笔者在企业中强调用"绩效管理"代替"绩效考核"的原因，考核是短期、功利的，绩效管理则是长期、系统的。信任你的创业伙伴，并根据企业的实际情况去鼓励创新、为失败而喝彩。

找到敢唱反调的人

> 我们的目标应该是找到正确的答案,而不是成为正确的答案。
> ——《像火箭科学家一样思考》(*Think Like a Rocket Scientist*),奥赞·瓦罗尔(Ozan Varol)

1995 年,一个名叫麦克阿瑟·惠勒(McArthur Wheeler)的大块头青年在一天之内抢劫了美国匹斯堡的两家银行,他不但没戴面具,还对着摄像头微笑。当他被捕后,在看当天的监控录像时难以置信地说:"可我脸上是涂了柠檬汁的啊!"原来,惠勒认为把柠檬汁涂在脸上,只要不靠近热源就能隐形,他对此极为自信,也从来没人告诉他这是天方夜谭。

这个案件让笔者想起了童话"皇帝的新衣",那么作为管理者,在企业中有没有人告诉你涂柠檬汁不能隐形或者你什么都没穿呢?

在成功获取第一桶金之后,创业者往往自信心爆棚,在企业中强势表达,这导致在实际工作中,一起创业的伙伴和下属逐渐不再提出和老板不一致的意见。没人敢唱反调。究其原因，就是一旦有人意见不一致，轻则老板会对此不屑一顾，重则可能会暴跳如雷。

中国的老板表现得尤其明显，这与中国绵延千年的古代政治制度有关。追溯中国官制的起源，最开始都是天子仆人和近臣获得宠信后被委以重任而成为政府官员。据钱穆先生研究，中国最早的三公九卿都是天子的仆人，所以中国古代组织结构的本质是主仆结构、从属结构。这种"君君臣臣父父子子""一朝一天子一朝臣"的权属结构深入骨髓，今天的中国企业家和创业者仍然深受影响。西方企业与中国企业在这一点上有明显差异，中国企业是强关系的主仆权属结构，西方企业是弱关系的契约文化结构。

多数创业者既是企业所有者，又是经营者，一个人把持董事会，一呼百诺，决策就是一个人的事情。在企业规模比较小的情况下，这种决策模式反应速度快，一旦决策正确企业就能迅速发展起来。但当企业发展到一定规模想要继续成长的时候，这种押宝式的决策模式会给企业带来巨大风险。

1997年，史玉柱在巨人集团失败之后，曾说过这样的话："巨人的董事会是空的，决策是一个人说了算。因我一人的失误，给集团整体利益带来了巨大的损失。"除史玉柱之外，三株集团吴炳新、三九集团赵新先、托普集团宋如华等企业家的失败基本都是同样的原因——还是柳传志说的那句话，"你一个人再能干，浑身是铁能打几根钉！"一把手应该主动将自己置于团队的制约之下。

为什么有些创业者会有"谜之自信"？

据加拿大劳瑞尔大学神经系统科学家萨克温德·奥比（Sukhvinder Obhi）的研究，在企业里长期担任高层领导的人，大脑的某些区域会发生变化，缺少了一个"镜像参照"（mirroring）的过程。而该过程是产生同理心的基石，因此他们无法与他人共情。换言之，他们更难以了解身边的人在想些什么。再加之睾酮素分泌过高（企业前期越顺利越是如此），于是，他对别人的信任和期待开始降低，人开始变得暴躁、多疑、自私和自负（想想历史上的曹操和我们身边的某些企业家）。最关键的是，他本人对此一无所知。

创业者由于自我膨胀、对外界的认知发生变化，其思维方式、判断能力都发生了扭曲。2000 年，戴尔公司的创始人迈克尔·戴尔（Michael Dell）发现身边的高管离职频繁，他对此百思不得其解，直到他最亲近的一位顾问告诉他——没人愿意和他合作！在 2001 年的一项调查中，戴尔公司有一半以上的员工都有强烈的离职意愿。在意识到这个问题后，戴尔专门聘请人来改变自己的行为，包括在办公桌上摆放若干道具来提醒自己，其中一个道具是推土机，提醒戴尔不要像推土机一样在别人身上碾过！

诺贝尔经济学奖获得者托马斯·谢林（Thomas Schelling）曾经说过一句很有意思的话："有一件事是人们绝对做不到的，无论他的分析多么缜密，或者他的想象力多么天马行空。这件事就是列出一张清单，把他想不到的事情写下来。"因此，一个好汉三个帮,正是因为人无法发现自己的盲点,所以需要他人对自己进行"压力测试",最好的方法就是找到"唱反调"的人。

那么,如何找到愿意唱反调的人呢?

联想公司创始人柳传志有一个管理三要素的说法,三要素之首是"建班子",班子就是企业的核心决策层,在企业中往往是两三个人(一般不超过5个人),班子成员一定不能是老板的附庸和跟班,而是企业的合伙人。班子内部不能一团和气,要在互相尊重的前提下经常唱反调。

除了班子之外,企业要有敢言的氛围,在事实和数据的支撑下,员工也要敢于表达不同的意见。

美国桥水基金公司的所有会议都会录音录像,而且每名员工都必须实名制给参会其他人的工作表现打分,每个人都能看到所有人打的分数。一次,一位刚入职时间不长的员工珍和创始人瑞·达利欧(Ray Dalio)一起参加会议,结果珍只给达利欧打了3分(评级为1~10分,3分是很差的评价),认为他的发言没有表现出开放思想和坚持主张之间的良好平衡。达利欧并不为此生气,而且认为这是桥水基金公司取得成功的原因之一——获得真实反馈。

美国管理学者罗伯特·格林里夫(Robert Greenleaf)终生倡导一个叫作"仆人式领导"(Servant-Leader)的概念。

很多智者都是这个概念的拥趸,无论是格林里夫、可口可乐的前董事威廉·特纳(William Turner)、塔塔钢铁公司前

5 组织认知篇

CEO 穆瑟拉曼、MIT 教授埃德加·沙因（Edgar Schein）还是学习型组织的创立者彼得·圣吉，都认为谦卑的服务是一种极为高明的领导力来源。

美国管理学者吉姆·柯林斯在《从优秀到卓越》中提出"第五级领导者"的说法，他认为这是唯一一种能够将平庸企业发展为卓越企业的领导者，而"执着的谦卑"（willful humility）是"第五级领导者"最重要的品质，没有之一。

柯林斯认为，推动第五级领导者低下高贵的头颅，去倾听别人的意见，去接纳他人、去迸发同理心的原因是因为他们拥有雄心壮志，这种雄心壮志并不只是关于个人的成功，而是对更大的、更宏伟的事业有雄心壮志。为了更壮丽的远景，第五级领导者能够毫不费力地做到谦卑。

在这样的状态下，找到"敢唱反调的人"简直就是伪命题！拥有这种雄心壮志的管理者将会认真倾听他人的声音、理解他人的感受，身边的团队也会因此迅速成长起来，围绕一个宏大的目标形成一个强而有力的团队，这是任何企业都梦寐以求的状况。

"谈话治疗"思维

> 谈话治疗是我的医疗术语，谈话治疗，简称"话疗"。
> ——赵本山

在 2003 年的春晚上，有一个小品叫《心病》，赵本山和范伟的表演令人忍俊不禁，"话疗"一词遂走红中国大地。

"谈话治疗"还真不是赵本山杜撰的，而是西方医学的奠基人、希腊希波克拉底（Hippocrate）医生所倡导的三件医疗法宝之一（其他两件是药物和手术刀）。希波克拉底的理念是，在治疗中不但要关注疾病，还要关注病人的个性特征、生活方式等要素，并缓解病人的焦虑。

无论是在工作上还是生活中，"话疗思维"都是非常有用的思维。比如说，在企业中，经常遇到的一个问题是"如何激励员工"，一提到激励，人们脑海里自然而然地浮现出加工资、涨待遇、奖金和绩效挂钩、股权分享等方法，这些激励方法当然没有问题，但关键的是，要想解决好问题，不仅要关注问题本身，更要关注出问题的人！

在管理学者张建华《向解放军学习》这本书中，有一章的

❺ 组织认知篇 ✓

名字叫"天下是谈出来的",里面讲述了解放军强大战斗力的来源:

"解放军的组织内部建设,很重要的一条是以'谈心谈话'为主要方式的沟通。记得我刚入伍不久,一天熄灯号响过后,排长把我约了出去。我们一人一个小凳子,坐在营房的山墙下,看着月光拉开了家常——这是我参军后第一次与干部谈心。多少年过去了,年轻时的许多事情已经淡忘,当时谈心的具体内容在记忆中已经渐渐变得不清晰,但谈心的情景每每想起,却依然历历在目,依然是那样温馨。我想,凡是在解放军这个组织生活过的人,几乎都有与我一样的经历。'谈心谈话'是许多人心中抹不去的一段愉快、美好的记忆……以我在解放军23年的生活和在著名跨国公司8年的经历,我以为,如果用核心竞争力来表述,解放军的核心竞争力源于其内部沟通机制——谈心谈话。其效果就是:解放军这个组织的效率和战斗力来源于这个组织中所有人员用心,甚至用生命对组织的参与,这是其他任何组织极其渴求的境界。"[①]

普遍的谈心谈话是解放军的一种内部沟通机制,与"话疗"思维不谋而合。"话疗"关注人本身,它会激发组织成员对组织强烈的认同感。对于企业而言,如果给不起大企业所能提供的高薪,也没有诸多待遇上、发展前景上的光环,要靠什么来激励人才、留住人才?这时,"话疗"显得尤为重要。

---

① 摘自北京出版社2005年出版的《向解放军学习》,作者是张建华。

"话疗"的形式、时间、地点和时机都很重要,哪一条达不到要求都会影响效果,使沟通效能降低。

1. "话疗"的基本形式:一对一会议

前英特尔总裁安迪·格鲁夫(Andy Grove)非常重视一对一会议(注意,不是一对一沟通),他认为一对一会议不但可以有效地传递信息、技能和经验,还能极好的在上级和下属之间建立信任和解决问题。在《格鲁夫给经理人的第一课》(*High Output Management*)中他说道:

"假设你和你的部属每隔一周开一次会,而每次的时间为一个半小时。也许,你花的90分钟不仅能提升这个部属接下来两周——也许超过80小时的工作品质,而且能增进你对他工作的了解。毋庸置疑,一对一会议有巨大的杠杆率[1],而这都是通过上司和下属间建立起共同的信息基础,以及近似的处事方式来达成的。"[2]

---

[1] 杠杆率是《格鲁夫给经理的第一课》中最重要的概念,每个管理者每天都要进行大量的管理活动,杠杆率针对的就是管理活动。它包含两层意思,首先,哪些管理活动能够创造更大价值,它就具备更高的杠杆率;其次,同样的管理活动有着不同的工作方法,这些方法有着不同的杠杆率,使得同样的管理活动有着不同的产出,高产出者杠杆率更高。

[2] 摘自中信出版集团有限公司2013年出版的《格鲁夫给经理人的第一课》,作者是安迪·格鲁夫(Andrew Grove)。

2. "话疗"一次的基本保证时间：1小时至1.5小时

很多管理者和下属交代一件工作的时间很短暂，十几分钟就说完了，而且往往自认为已经把缘由、必要性以及怎么做说得很清楚了，甚至还言之凿凿地表示下属一定听明白了。但是，如果这时把下属叫回来再问，多半是这件事情双方完全没有达成共识，只是说了一个大概而已。显然，这是无效沟通，由此产生的结果是降低了工作的效率。如果管理者希望能够深入理解对方的想法，双方达成一定的共识，那么"话疗"时间至少需要一个小时，但一般不要超过一个半小时（注意力开始不集中，效率会降低）。

3. "话疗"的常见地点：不被人打扰的独立会议室

在"话疗"的过程中，最好不要有其他事情插入，因此不要在办公室或工位上进行，最好找单独的会议室或者咖啡厅，其间让手机静音。

4. "话疗"的常见时机：每周一次的绩效辅导、每季度一次的OKR制定、阶段绩效结果反馈等时机

企业中的基层和中层管理者经常是由专业人员升任，缺乏管理经验，因此"话疗"中常见的问题是：

- 我不知道应该和员工谈什么？坐下刚说几句我就没词了，怎么办？

其实完全不用担心前15分钟侃侃而谈、后45分钟面面相觑的尴尬场景。只要不是重度的社交恐惧症患者，两个人在一起总有话题可聊。当你放松下来、不再强求去推动、影响对

方，而是真诚地希望了解对方的时候，对方也会放松下来，将自己的工作思路告诉你。当你觉得实在无话可说的时候，沉默一会儿也是好的，这时往往是下属告诉你一些心里话的开始。

为确保议题不至过于发散（在最开始的时候，不用约束议题），可以预先确定"话疗"的会议纲要，便于聚焦。同时，要充分利用会议笔记或会议纪要的方式来管理会议结果，"双方记录会议过程"或者"发布会议纪要"这两个动作非常必要，它象征着承诺和高效。

将企业成员视为伙伴

> 人类是一根系在禽兽与超人间的软索……人类之伟大处,正在它是一座桥而不是一个目的。
> ——《查拉斯图拉如是说》(Thus Spoke Zarathustra),
> 弗里德里希·尼采

中国有句老话叫"世事洞明皆学问,人情练达亦文章",笔者曾看到过一句更进一步的话——"不解物理,终身如在雾中;不通人情,举步尽是深渊",充分说明了人情世故的重要性。年轻时经历有限,关于人情世故的很多认识来自小说。在看了很多佃农与地主、将军和士兵、政客与奸商等各色人等的故事之后,笔者留下一个深刻印象——人性是善变的。后来随着年龄和阅历渐长,也逐渐验证了这一点。

善变的人性必然给企业带来相当大的不确定性。比如,小饭馆聘用了一名厨子,条件谈得好好的,结果厨子在生意逐渐稳定、回头客渐多的时候突然不辞而别。或者软件开发企业已经干了10年的项目经理突然被竞争对手挖墙脚,代价仅是工资涨了15%,承诺和责任被丢在一边,企业为此灰头土脸,新产品推出时间晚了半年,损失惨重。

为了提高人性的确定性,不同企业采取了两种不同的方法。

中国制造行业中规章制度严格、罚款名目繁多,个别工厂工人上个厕所都得先打报告,还要限制时间。此外,以迟到、吸烟、请假、工作时间聊天等各种理由克扣员工工资,个别极端的企业在员工进出工厂时还要搜身——通过严防死守减少员工恶意行为,提高人的确定性——这属于"目中无人"的管理方法。

与之相反的是海底捞餐饮公司。海底捞对员工的信任让人听起来匪夷所思——所有员工都有可以给来就餐的人打折的权力,只要是员工认为有理由就可以给某个顾客免一个菜钱或者加一个菜,甚至免除所有餐费。海底捞任何一家餐厅的店长,都有3万元以下的签单权。[①]这对于餐饮行业的经营管理是闻所未闻的。按正常对人性的理解,这家餐厅早就被吃光、拿光、偷光了,可非但不是这样,海底捞还迅速发展了起来,并成为中国餐饮的第一品牌——通过放权激发员工善意行为和自驱力,提高人性的确定性,这属于"目中有人"的管理方法。

企业究竟应该如何做?

对此,管理大师德鲁克给出了明确的回答,德鲁克认为,

[①] 参考中信出版集团有限公司2011年出版的《海底捞你学不会》,作者是黄铁鹰。

传统制造业"胡萝卜加大棒"式的管理模式是利用人性中的贪婪和恐惧去控制员工，对体力工作者有效但对知识工作者是无效的。在现实中，德鲁克的说法得到了正向反馈。对于"95后""00后"等新生代知识型员工，管理人员已经没有"大棒"可用，"胡萝卜"的作用也越来越小。这些知识工作者有明确的行业和岗位选择，也能够认识到自身的价值。如果企业仍然将他们作为一颗螺丝钉，必然无法吸引到最优秀的人才，从而在未来竞争中失败。

这不是一个简单的问题，在企业初期挖到第一桶金、融到第一笔资金的时候，管理者就需要认真考虑：和你一起工作的人与你是什么关系？有的管理者会很自然地将企业中的人分为两部分，一部分是合伙人，另一部分是员工。合伙人是互相扶持、一起打天下的左膀右臂，是深度合作关系；而与员工之间则是雇佣关系，是浅度合作关系。其实不然，仅靠少数几个合伙人，企业规模很难扩大。在今天的创业企业中，有着大量的"工作伙伴"，企业中的"伙伴关系"是企业的底层关系，是企业成功与否的重要前提。无论是在热闹的街角开几家连锁饭店还是打造一家全球科技独角兽，都是如此。

今天，将企业成员视为工作伙伴，通过放权激发员工善意行为和自驱力已经成为企业提高人性的确定性的唯一选择。

现代管理思维

> 千百年来,中国人只有生意经,没有商业理论。
> ——《企业的本质》,包政

大约十几年前,有企业家要求笔者帮忙在企业中建立一套"现代管理制度",笔者对此并无概念,翻遍了管理经典,也找不到这个概念的明确定义。在之后的工作中笔者逐渐领悟,也许根本没有所谓的"现代管理制度",企业家和管理者需要的是现代管理思维。

有一些很喜欢中国传统文化的企业家,他们宣称把《论语》《易经》的思想融入他们自己的企业管理之中去,取得了很好的效果。近几年来王阳明的"心学"大热,很多企业家又开始学习阳明心学,寄望从中获得灵感和真知。

笔者也喜欢中国传统文化,但笔者认为,管理者需要了解中国传统文化与现代社会、现代企业之间相隔一个大时代,其假设和背景完全不同,不能直接将传统文化中的一些思路拿来应用于现代企业的经营管理(哲学和心理学层面的某些内容是相通的,但绝大多数内容都无法直接指导企业经营)。

包政在《企业的本质》中说道："随着家庭经济的动摇和瓦解，家庭中的社会责任和功能，转移到了工商企业或各类机构之中，形成了现代产业社会。"[1] 也就是说，原有以家庭（宗族）为基础的政府、家庭、个人传统三元社会结构已经崩溃，今天的现代产业社会是政府、企业、个人三足鼎立的新三元结构，企业取代了家庭。以原有社会结构为核心的传统文化已经不再适用于现代企业。

美国学者乔治·梅奥（George Mayo）在其著作《工业文明的人类问题》（*The Human Problems of an Industrial Civilization*）中也谈到了这一点：

"在这种比较简单的社团里（注：家庭或族群），每个人了解不同的经济活动和社会职能，而且多多少少是参与这些活动和职能的。家庭和亲属关系（真实的或是假定的）的纽带把每一个人和每一个社会机会联系了起来；有效的合作能力达到了相当高的水平……（在工业社团中）社会规范的权威无人理会；亲属的联系已不再有效，和平和安定的能力确是在销蚀……工业社团突出的特点在于它成为一个广泛的社会混乱的场合，在这个场合里，人和人、团队和团队之间有效的了解丧失了，因之自动的和有效的合作也随之丧失。"[2]

---

[1] 摘自机械工业出版社 2018 年出版的《企业的本质》，作者是包政。
[2] 摘自电子工业出版社 2013 年出版的《工业文明的人类问题》，作者是乔治·梅奥。

现代管理思维是什么？是在现代社会之中，能够将陌生人组织在一起，获得更高社会生产效率的管理思维。

百年以前，中国人大量的时间是在家中或者祠堂中度过，和自己的家人、同宗或同乡打交道；现在人们大量的时间是在以企业为主的各类组织中度过，和没有亲缘关系的陌生人打交道。大人每天上班是这样，孩子上学也是这样——以前孩子上学是在宗族祠堂里面上课，由宗族里面有学问的人（或由祠堂外聘）来教，现在则是在学校里面，由来自五湖四海的教师来教。

说白了，原有社会是一个"熟人社会"，而现代社会是一个"陌生人社会"，在熟人社会中起作用的道德、逻辑、伦理纲常统统不再起作用，取而代之的是新的符合陌生人合作的制度、文化和行为准则。在商业行为中，晋商之间"万两银子一句话"的时代已经不复存在，相关的法律、协议和备忘录大行其道。

当然，数千年传统文化的洗礼和印记并不容易消除，在企业的经营者群体中还有不少人认为企业是员工的衣食父母，企业给员工提供了薪水和一展身手的舞台，所以员工必须有感恩之心——说到底还是以家庭模式在运营企业，在这种情境下，企业必然是家长式的"一言堂"运营，企业家成为大家长。

中国传统文化的各类思想和文字流传至今，多半表达含混、语焉不详，从中我们可以汲取一些思想的养分和精神的力量，但切切不可将其与企业管理混为一谈。说到这儿，不得不提到我国学者曾仕强，笔者很尊重曾仕强先生，但并不同意曾先生主张在企业采用中国式管理或中道管理的思路。下面一段是曾先生在《中国式管理》中的表述：

"中国人呢？'目标'可达成也可能不敢达成。因为我们心里最清楚，一旦达成目标，下一次目标就会提高，结果必然逼死自己，何苦来哉！而且，达成目标不一定受到奖励；未达成目标，也不一定接受惩罚。同样接受奖励，内容并不一样，有时高有时低，经常弄得一肚子火气。同等受到惩罚，标准也不一致，有时严苛有时宽松，好像大家都在碰运气。成果的评量，其实也不可靠。生意好做的时候，闭着眼睛业绩也很高，这样的成果，得来不费吹灰之力，有什么稀奇？生意不好做的时候，竭尽全力业绩依然不高，评量得再正确，又有何用？同样卖土地，有人卖掉一笔，轻轻松松就赚了大钱；有人费尽苦心，疲于奔命，卖掉十几笔，结果赚到的钱并不多。这种种事实，都充分证明成果评量，实在算不了什么，至少不足以代表一个人的努力程度。"

……

"'没有关系。'中国人说这句话的时候，多半含有'有关系'的意思在内。我们听到这句客气话，马上要充分自觉，千万不要以为真的没有关系，却应该依据一定有关系的标准，来调整自己的态度和行为，对方才能够以没有关系开始，也愉快地以没有关系来收场。若是听到没有关系这一类的客气话，便自以为自己真的十分有福气，碰到一位没有关系的仁兄，那就是不够自觉，错将客气当作福气。结果呢？对方以没有关系开始，却以有关系结束，弄得彼此都不愉快。对方所持的道理，其实相当明显：'为什么我对你这么客气，你竟然那么不讲道理。遇到这种不知自觉的人，我真不知道应该采用什么方式来和你互动。'"①

曾仕强先生的文章是围绕"中国人"的特质进行讨论，但他没有讨论现代社会与古代社会的不同，也没有讨论现代社会之中企业组织应该有哪些特质，其原则应该如何设置才会使企业效率更高。曾先生提出的"仁为安人之道""义为经权之道""礼为絜矩之道"的"仁义礼三向度"看着很"高大上"，又"以人为本"，但由于情境不正确（还是围绕着"家庭社会"在打转），导致鸡同鸭讲，误导了很多企业家和管理者。王阳明心学也同样如此，学了这些东西，搞官僚政治或者干一个手工业作坊也许可以，但经营一家大中型现代企业或者经营一个争做全球独角兽的卓越企业，基本上是缘木求鱼。

现代企业从古老宗教的组织模式和管理方法上汲取了很多养分，比如说凝聚崇高的企业目标、建立合理的组织架构、完善规章制度以指导员工的日常工作等。德国思想家、古典组织理论之父马克斯·韦伯（Max Weber）对全球宗教（除世界三大宗教外，还包括古犹太教、儒教和道教等）进行了深入研

---

① 摘自中国社会科学出版社 2005 年出版的《中国式管理》，作者是曾仕强。

究，他在组织领域的贡献是厘清了组织权力来源（合法性），提出了一种现代社会所特有的、具有专业化功能以及固定规章制度、设科分层的组织管理形式（科层制）的组织体制，为工业化进程做了极好的铺垫。直到今天，绝大多数企业组织仍然遵循科层制的组织理论框架，预计今后十年乃至几十年仍将如此。

但是，宗教与现代管理思维之间仍然有着深深的鸿沟，这是因为宗教并不具备经济功能，并且不能满足新兴阶层的归属需求。在工业社会到来之际，企业成了工人、知识工作者和管理者的归属地，并极大地提升了人类社会的综合能力，创造了前所未有的经济奇迹。

现代社会是一个陌生人社会，由于道德规范的缺位，宗教的确在道德教化和人的自我完善方面有效，不过也仅此而已——它无法协助企业制定经济目标，也无法更好地对工作进行分工以及推进分工后的协作——宗教无法进一步提高新社会的生产效率，它与现代管理思维有着本质的不同。

游戏思维：邂逅新的可能性

> 游戏和玩耍给了我们探究外部世界的新通道。

究竟该不该让学生玩游戏？

一些学生（包括小学生）沉迷网络游戏，导致不专心学习、价值观扭曲、视力下降等问题。2021年，央媒痛批游戏是"精神鸦片"，网络游戏甚至是"新型毒品"。

但如果从人性的角度来看，这个问题仍然值得探讨——为什么我们玩自己喜欢的游戏时会痴迷而难以自拔？究竟什么是游戏？游戏的本质是什么？它对我们又有着什么样的影响？

笔者认为，爱玩游戏是人的天性，也是动物的本能。荷兰学者约翰·赫伊津哈（Johan Huizinga）在《游戏的人》（*Homo Ludens*）中写道，"我们只要观察一下小狗们在其亲密嬉戏中的表现，就能明白人类游戏所有的特点。它们以略带客套的神态和友好的动作邀请对方游戏，它们恪守规则：不许咬哥们儿的耳朵或不许咬得太重。它们假装变得十分愤怒。顶重要的是——在这些活动中，它们有条理地表现出极大的兴味和快乐"[1]。

广义来说，万物皆游戏。我们身边所有的事物都符合游戏的特征，战争、社交、城市建设、农场经营、球队管理等全部可以作为游戏来运营，事实上，以上内容的游戏在互联网和计算机的推波助澜下已经风靡世界。火热的"元宇宙"概念关注的焦点是在未来某天，人们可以成为"游戏玩家"，自由穿梭于平行的全息数字世界。

狭义来看，游戏是人与新的可能性的邂逅！

> 美国著名心理学家米哈里·契克森米哈赖（Mihaly Csikszentmihalyi）就职于芝加哥大学，他主导了一个有意思的实验，他从芝加哥艺术学院中征集了31名大学生志愿者，志愿者分组进入房间后，在房间中确定一个物品，以此为灵感，在一个小时之内对之进行临摹和创作。实验人员提前在房间内放入几顶天鹅绒帽子、一些葡萄、一支圆号、一本古董书和一个棱镜，任由志愿者自己挑选。在创作完毕后还有专业的评委对其作品进行评价打分。
>
> 在这个过程中，实验人员观察志愿者的表现，特别是对时间因素进行测量，包括志愿者进入房间后，

---

[1] 参考北京大学出版社2007年出版的《游戏的人》，作者是约翰·赫伊津哈。

> 用多长时间观察和玩耍（摸摸几件物品、戴上帽子、吹吹号、翻翻书、用棱镜搞搞怪，然后琢磨琢磨），用多长时间临摹和创作。
>
> 评价最低的一个小组一进入房间，立即就各自挑选了一个物品开始临摹，最后交的作品中规中矩，比如一张葡萄的静物素描或者圆号的静物素描。
>
> 评价最高的一个小组则用了大量时间来玩耍和观察，真正作画的时间反而不长，提交的作品则让评委们眼前一亮，包括涂鸦和有意思的画作。
>
> 在随后7年的时间里，米哈里实验小组持续追踪这些学生工作的表现，结果很清晰地表明，把时间更多地花在游戏和玩耍上的学生创造力更高、成就也更大。

简而言之，两组学生的不同主要是一组更加关注学业，愿意投入时间在学习上；另外一组更加关注外部世界，更愿意投入时间游戏和玩耍：

- 在学业之中，人的状态是不自由的、沉浸于现实的（按照老师教的技巧行事）、无趣的、有强烈的规则意识。
- 在游戏和玩耍中，人的状态是自由的、脱离现实的、有趣的，有规则意识但不强烈。

从米哈里的实验可以得到一个简单的结论——游戏和玩耍

给了我们探究外部世界的新通道。

对于中学生家长来说，在正规的教育和千军万马过独木桥的环境下，新通道无法带来帮助，只会起副作用，这是他们对游戏深恶痛绝的原因所在。

但在职场之中，这种新通道有着巨大的作用。企业本就在探究如何用新的产品、新的服务、新的想法来吸引顾客。甚至可以说，企业业务拓展和游戏在本质上是相通的，游戏思维对职场有着极佳的参考价值。

参考价值一：有意思的目标

打游戏比打工赚钱有意思而且激动人心。因为它往往都有一个超凡脱俗的好目标（比如建设一座伟大的城市、夺得世界冠军等）。

著名企业家、投资人蒂尔在创建在线支付品牌贝宝前有个小故事。他在耶鲁大学演讲时问在场的学生，"如果我们能发明一种东西，帮助穷人们抵御通货膨胀的压力，有没有人愿意和我一起实现这个伟大梦想？"[1] 现场一片沸腾。这也是贝宝的工资相对业界低但却能招到一流人才的原因。

参考价值二：平等、开放的文化氛围

人们之所以热爱游戏就是因为它打破了"现实中的无形力场"，实现了人人平等。

---

[1] 参考浙江人民出版社 2012 年出版的《游戏改变世界》（*Reality is Broken*），作者是简·麦戈尼格尔（Jane McGonigal）。

组织架构扁平化、花名制（内部用花名称呼）、取消管理层办公室等做法，都是在公司内部刻意营造某种氛围。管理者需要知道的是，这并非是做样子，玩虚头巴脑形而上的东西，而是企业求存的行为。若非如此，创新类的企业就无法招到更优秀的人才、在决策会议上做到平等讨论、在会议中听到不同意见。企业在一潭死水中与新的可能性渐行渐远，停滞乃至衰亡是迟早的事情。

参考价值三：及时有效的反馈

游戏之所以能吸引大量人群（不要以为中老年人对游戏没兴趣），就是因为它好玩。而游戏好玩的主要原因是它能给予人们及时有效的反馈。及时的反馈能够强化动机，让人获得内在奖励、产生成就感。比如在玩电子游戏时，手指一动就立即获得声音的反馈（如果把电子游戏的声音关掉，游戏的可玩性立即大幅下跌）。让人沉迷的游戏还有一个特点就是一局游戏耗时短，用很短的时间就能告诉你最终结果，给你一个强反馈。企业与此非常类似，为满足顾客的要求，企业在感受到外部变化后，必须及时有效地给予反馈，这是企业的灵魂依托（创造顾客是企业存在的目的），不如此不足以求存。

参考价值四：竞赛系统和自我实现

在竞技类游戏中都有一个自我实现系统，即通过排名、竞争、计时、积分，每个游戏者都尽力向目标前进，这种自我实现的动力让他们甘愿投入时间和精力乃至金钱。

如果套用到职场上，用游戏思维在职场中设计竞赛系统，将办公室化为竞技场，有积分、有勋章、有段位，是否事情会变得很有趣、很高效？比如说，公司内部的知识管理，文件上传和分享，听着似乎没有太多乐趣，但如果员工可以通过文件分享和回答问题来获得积分，随积分提升设置各类勋章，是否会极大提升员工的积极性，增强团队黏性（国内已有相关的企业实践）？

参考价值五："仪式"和人性

在游戏中，每个回合结束的时候如果你表现良好，都会有相应的庆祝仪式，也会让人心生愉悦。

从最古老的原始人围着火堆祭祀，到今天我们召开表彰大会，这些和具体生产生活不相干的"仪式"是人类文明中存亡断续的重要内容。以色列历史学家尤瓦尔·赫拉利（Yuval Harari）在《人类简史》（Sapiens）中指出，人类社会、企业、品牌都是想象力的产物，也就是说，企业是一个集体想象的共同体，企业中的各类"仪式"有着超乎我们想象的作用[1]，这些仪式包括庆典、团建、授勋、公开表彰、年会和各类集体活动。

参考价值六：不要有太多的条条框框

在学校学习时，如果你不交作业或逃课，老师和家长就会强行介入要求你遵守规则。同样，在大中型企业之中，相关的制度规定连篇累牍，绝大多数人被文件限制在窄小的行动范围内。小型企业有着天生的优势，但需要注意的是，如果小企业

---

[1] 参考中信出版社2014年出版的《人类简史》，作者是尤瓦尔·赫拉利。

规模迅速扩大，也不要着急用一堆看起来很美的制度框定员工的行为。

参考价值七：放轻松

硅谷创业教父史蒂文·霍夫曼在《让大象飞》中讲了一个真实的故事：

"那天在北京，晚上9点，我和一位初创企业的创始人在我住的酒店里喝着饮料闲聊，在结束的时候，我随口问她：'你是不是现在回家？'她惊讶地抬头看着我。'不，我还要回办公室。我所有的伙伴都在等我。我们会一直工作到凌晨2点。'"[1]

霍夫曼认为，这种仅仅关注工作的态度是一种严重的身心障碍。事实上，国内很多创业者的工作时间不是"996"，而是"007"，除了工作关系之外几乎没有其他社会交往——实际上，这是一种自我封闭。虽然"只有偏执狂才能生存"，但真正能够更好生存的是开放自己头脑的偏执狂。霍夫曼的建议是希望企业管理者每周至少能花一天的时间邂逅一些完全无意义的事情或者和业务无关的事情。

邂逅就是不期而遇。

与更多的可能性邂逅，是游戏思维所追求的。

---

[1] 摘自中信出版社2017年出版的《让大象飞》，作者是史蒂文·霍夫曼。

"高薪"思维1:成本削减

> 8小时工作制和日薪5美元是我们做出的最漂亮的成本消减措施。
>
> ——《向前进》,亨利·福特

福特汽车公司的创始人亨利·福特有两个根本性的思维贯穿福特公司的创立和运营:

思维一:高薪思维;

思维二:低成本思维。

这两个思维之间有联系,亨利·福特认为,高薪才能带来低成本。这种观点在他的两本书中都有明确的表述。高薪思维是亨利·福特的底层思维,以下笔者将围绕高薪思维进行探讨,并且希望管理者能够理解该思维在企业发展过程中起到的巨大作用。

亨利·福特出生于美国密歇根州,父母是爱尔兰裔。亨利·福特从小就对机械设计和制作有极大的热情,他儿时最难忘的一件事是在道路上看到了一辆不用马拉,而是用煤和锅炉来驱动的汽车。几年后,亨利·福特仅凭他看到的车辆原型竟然仿造成功！亨利·福特在机械方面的天赋只是一个方面（有这方面天赋的人不少），他思想的深邃和愿景的宏大才是真正为人所称道的，绝大多数今天的企业家都达不到亨利·福特的思想高度。亨利·福特曾经讲过这样一段话：

"我决定为广大群众生产汽车。它会大得足以容纳所有家庭成员，同时又小得可以由一个人驾驶和保管。它用最好的材料制造，并且由最好的工人制造，由现代机械提供最简单的设计制造，但它的价格却非常低。任何一个有一份好工作的人都买得起一辆，因此能和他的家庭享受生活中的美好时光……工厂创造利润的意义在于它们一方面为那些依靠工厂的家庭提供了生活保障，另一方面为人们创造了更多的就业机会。"[1]

虽相隔百年时空，看到这段话，你仍能与亨利·福特产生共鸣并且理解一个伟大的企业家和他所做的事情。1914年1月，亨利·福特将工人的日工作时间从9小时调到8小时（福特是20世纪最早实施8小时工作制的大型企业），22岁以上工人的日工资从2.34美元涨到5美元（需要养家、家有寡母、有弟弟妹妹的年轻工人的待遇与22岁以上的工人待遇等同），是业界标准薪资的两倍。当时的汽车之城底特律甚至全美国都为福特汽车公司的"日薪5美元"而轰动，上万工人涌向福特工厂，工人中的黑人创作出蓝调歌曲歌颂亨利·福特的日薪政策。

亨利·福特还在企业中制订了利润分享计划，给干部和工

---

[1] 摘自安徽人民出版社2012年出版的《为人生加速》，作者是亨利·福特。

人以利润分成。亨利·福特之所以这么做，是因为他对员工的工作状态有过深入思考，他的结论是："一个能将工作完成得很好的人必是一个过着美好生活的人。"

这句话表达的含义与普通人的直觉并不相符。

普通人的直觉是这样的：

一个人工作完成得好→因为他被激励→多干活儿多给钱→计件是最好的工资模式；

一个过着美好生活的人→心思总在享受上→工作不会拼命干。

表面上看起来，美好生活和工作完成情况没有关系。不过，我们所处的世界是一个复杂系统，复杂系统最大的特点是不能用简单因果论来解释。达尔文《物种起源》中的一个例子可以很好地说明这点。

> 猫、田鼠、红三叶草和土蜂有什么关系？从表面上看，猫鼠有食物链关系，土蜂可以给三叶草授粉，但四者放在一起就看不出有什么关系。达尔文通过观察和试验发现，红三叶草要靠土蜂在吮吸花蕊蜜腺时无意中的传花授粉才能繁荣。田鼠吃土蜂的蜜时会毁坏蜂巢并消灭很多土蜂幼虫，从而减少土蜂的数量。猫吃田鼠，田鼠少了就会增加土蜂的数量。所以，多养猫能使红三叶草繁荣。

在这个复杂的世界中,单一逻辑、短期因果论的直觉系统实际并不准确。生活和工作有点类似猫和红三叶草之间的关系。亨利·福特认为,工作和生活有着直接的联系。他从每个员工的生活支出、教育费用、家庭收入、家庭支出的角度进行思考——如果一个员工的工资覆盖不了孩子的教育费用、支撑不了妻子在家的支出(当时多数女性不出外工作),那么他就无法过上美好生活,由此心中会有很多杂念,从而也做不好手头的工作,所以这样的工资就是不合理的——企业支付的工资和每个人的家庭负担有关,如果企业支付不起员工美好生活所应该拿到的报酬,那么企业就没有存在的必要[①],或者说企业就会有生存危机。

很明显,亨利·福特认为企业中人与人之间是伙伴关系而并非劳方和资方的关系。他计算工资的视角并不是站在资方角度,不是从降低企业成本和获取利润两个角度出发去思考工资如何发放,而是认为企业的所有伙伴在同一个社会中生活,是一个共同体,是"一根绳上的蚂蚱"。

因此,工资不是员工愿意接受的最低金额,而是保障员工美好生活的合理金额。

如果企业能支付得起这样的工资,让员工过上了正常的、

[①] 在德鲁克的企业理论中,他认为企业是社会的经济器官,其存在的基础在于能够成为员工的归属并为社会创造经济价值。换句话说,如果社会的经济器官都不能让其中的员工过上经济自足的生活,它就没有存在的必要。

❺ 组织认知篇 ✓

美好的生活，员工才可能把心思真正持续地用在工作上，员工会有足够的能力让企业的成本降下来、工作的效率也会提升。亨利·福特曾要求他的供应商给员工涨工资，并且明确告诉他们并不是因为企业赚到钱了涨工资，而正是因为企业亏损所以才应该涨工资。工人有了积极性和动力才能创造财富。可以说亨利·福特是工业世界中第一个深刻认识到员工工资和企业效益之间能动关系的人。他认为工资绝对不会让产品的成本上升，他讲道："每日 8 小时工作制和日薪 5 美元是我们做出的最漂亮的成本消减措施。"① 亨利·福特认为，如果对待遇满意的工人让机器的效率提升 10%，福特的汽车流水线生产模式就将创造巨大的效益。

"30 层的高楼和 5 层楼的占地面积是一样的，倘若不改变那种守着 5 层楼的思维，那么 5 层楼的房主就会损失 25 层楼的利润。同时，如果 12000 名员工每人每天少走一步，那么节省的就不仅是被浪费的 50 英里的运动，还少损耗了相应的能量。"②

事实证明了亨利·福特的预测，在大规模生产方式和员工主动性、积极性高涨的共同作用下，福特公司当年的人均效率达到其他汽车工厂的 47 倍。随着公司成本大幅度下降，1914 年，亨利·福特将 T 型轿车的售价降至 490 美元（T 型车最早

---

① 摘自当代中国出版社 2012 年出版的《向前进》，作者是亨利·福特。
② 与本页注释①引文出处相同。

的售价曾高达4700美元)。

亨利·福特认为,员工是企业的伙伴,为伙伴支付较高的报酬,使他在为企业尽心尽力工作之时无任何的后顾之忧,这是企业降低成本、提升经营管理效率最有效的途径。需要指出的是,亨利·福特的理念与"科学管理之父"泰勒非常相似(他们是同时代的人,泰勒比亨利·福特大7岁),泰勒认为,工人的工资应该比正常情况(员工能接受的工资)多30%~100%。只有这样企业成本才能降下来。

"人们大多认为,雇主和雇员的根本利益是必然对立的。科学管理正相反,它坚信二者的真正利益是一致的;如果没有员工的富裕,雇主的富裕无法长久持续,反过来也是一样;而同时给予双方最想要的——员工想要的高工资和雇主想要的产品低劳工成本,也是可以实现的。这些正是科学管理的基础。"[1]

谈到这里,有一个问题凸显出来:

- 创业企业资金有限,付不起高薪怎么办?

实际上,这个问题是伪问题。所谓"伪",就是它并非真实发生的情境。人都是自私的,一些企业家在能支付高工资的情况下却大谈情怀,让员工有奉献精神,这显然是虚伪的。对于利润或现金流不佳的初创企业来讲,创始人就需要有真正的

---

[1] 参考机械工业出版社2007年出版的《科学管理原理》(*The Principles of Scientific Management*),作者是弗雷德里克·泰勒(Frederick Taylor)。

梦想,用梦想和愿力去影响、吸引人才加入并一起去创造未来,这种情况从本质上而言也是高薪的一种体现(当期物质回报+未来物质回报+精神回报)。

高薪是一种企业经营中的重要思维,管理者需要从根本上理解这种高薪思维能给企业带来的回报。1914年,福特汽车公司在推出日薪五美元的政策后,员工流动率由370%降至16%,由此节省了巨量新员工的招聘和培训成本;此外,由于大量熟手的低流动率,降低了汽车零部件的废品率、提高了产品的质量,生产成本下降的同时企业声誉提升;还有最重要的,员工的自驱力和主动性异常高涨,使得大量创新企业涌现,福特公司引领时代的大规模流水线生产方式最终平稳落地(可以参考量产章节)——工资的提升直接导致成本的缩减和企业的飞速发展。

"高薪"思维 2：人才密度

> 雇主的目标应该是给工人提供比同行业中任何一家企业更高的工资；工人的目标应该是帮助雇主，使这一切成为可能。
>
> ——《福特自传》，亨利·福特

读完上节的读者会了解到，给员工支付高工资实际上能够节约成本，那么，企业在有余力的情况下，是否可以直接将全体员工的工资翻倍，然后坐等成本下降呢？答案当然是否定的，即使亨利·福特也不是贸然将员工的工资翻倍，他做得更多的是顺势而为，营造高绩效的氛围，并在高绩效的氛围中让每个员工无后顾无忧，企业则得以持续高速发展——企业和员工共同过上好日子。

具体如何去做呢？在此笔者用五个问题来展开讨论。

需要思考的第一个问题：你的企业需要多少员工才能正常运营？

以我的观察，当企业总人数超过 150 人之后，管理者对企业所需人数的预估就开始不准确。21 世纪初，互联网泡沫破灭，多数互联网企业陷入困境，奈飞公司不得已裁员三分之一，但裁员后奈飞公司的绩效并没有下降，反之，留下来的优秀人才绩效飞涨，奈飞的创始人里德·哈斯廷斯（Reed Hastings）由此发现了人才密度的秘密——企业中优秀人才的数量比例越高，企业中人才的活力越强。与此同时，企业对外部优秀人才的吸引力也越强。

对于操作型岗位来说，一个员工的"人效"了不起顶三个人，比如说一个熟手车床工人干得又快又好，在保证质量的情况下，速度是普通工人的两三倍。但在科技企业中，知识型人才一个人顶十个人的现象并不新鲜，因此，在更高的人才密度下，不用担心人少了活没人干了，重要的是，创业者可以将开给三个人的工资和福利集中到一个人身上，确保支付令他满意的薪资。

在人才密度高到一定程度的情况下，平庸者会逐渐离职，企业的人才密度会越来越高。为方便解释这种现象，借着经济学的"挤出效应"，笔者杜撰了一个管理名词叫"挤压效应"——在优秀人才密集、薪资高的企业中，平庸者生存不易，被身边优秀人才带来的压力、被高绩效的氛围压得喘不过气，时间一长就会被挤压出局——"良币驱逐劣币"。试想，如果某人的工资非常高，高到已经超过他能力的极限，其他企业根本不可能给现在的他开这样高的工资，身边工资差不多的人都是高手中的高手，那么某人会怎样做？

在人才密度很高的企业，员工的个人绩效也会被激发出来。摘选一段奈飞公司原创内容部经理马特·特内尔（Matt Teneier）的话作为佐证：

"在大多数组织机构中，都有一些出类拔萃的员工，同时也会有一些泛泛之辈。我们一般需要依赖前者，管理好后者。而在奈飞，情况就不一样了。这里是群英汇集之地，所有人的表现都很出色。如果你来参加我们的会议，会感到一颗颗聪慧的大脑碰撞出的火花，足以点亮整个公司。员工之间往往是相互挑战，各持观点且论据充分，简直比斯蒂芬·霍金还要聪明。这也正是我们能够以如此惊人的速度完成这么多工作的原因——我们拥有极高的人才密度。"[1]

需要思考的第二个问题：精英员工的薪资是否足够高，是否会因为薪资低被竞争者挖角？

许多员工都有这样的经历，即开口向老板要求涨工资，如果达不到预期又有猎头不断找过来，就会考虑离职。对于管理者而言，与其让优秀人才三心二意地去找下家，还不如一开始就给他市场上最高的薪资，让他不会瞻前顾后，能够将心思完全投入工作中。按照奈飞公司首席人才官帕蒂·麦考德的统计，员工跳槽最主要（超过44%）的原因是因为薪资低，这个原因远超其他离职原因。

有时，员工或者人力部门并不清楚某一职位在市场上的最

---

[1] 摘自中信出版社2021年出版的《不拘一格》（*No Rules Rules*），作者是里德·哈斯廷斯。

高薪资，或者随着员工能力的提升薪资的变化幅度是否合适，这时作为管理者就应该采用各种方法去了解市场价格。奈飞公司的做法是鼓励员工与竞争对手接触及面试，然后把他们的报价反馈给公司，这种做法简直颠覆了企业界的常识，不过对于企业而言，与其等着优秀人才被挖角，还不如未雨绸缪，将不利苗头扼杀在摇篮中（如果不这么做，看上去简直像是鼓励优秀人才跳槽）。

需要思考的第三个问题是：需要立即给所有员工涨工资吗？

答案是当然不。原因在于每个职位对于创造性的要求不同，市场上对于职位、资历的报价也不同，因此，要根据实际情况处理。当然，管理者要做好给每个人涨工资的准备，在"高薪才能带来低成本"的逻辑之中，哪怕是操作型的基本员工，比如处理杂务的行政部普通员工，也应该拿行业顶薪。比如说，中国最好的零售商超——胖东来商贸集团公司，数年前许昌胖东来超市中保洁员的月薪达到2800元，而同地区同期商超保洁员的月薪仅为1300元（早期数据）。

现实中企业对于涨工资这件事有诸多限制，包括企业现金流的问题、岗位设定模糊的问题、投资人的不同意见等。高薪思维在企业中的应用可以从精英员工开始，随着企业人才密度的不断扩大，按照前文所述"一个人能顶几个人用"的"人效"概念，依次将高薪政策的范围不断扩大。

需要思考的第四个问题是：薪资给到位了，员工不好好干

怎么办？

这个问题回答起来稍微复杂一些。美国行为科学家弗雷德里克·赫茨伯格（Fredrick Herzberg）有一个著名的双因素理论。这个理论指出，原来我们认识中的一些激励因素，包括涨工资、调和人际关系、更好的工作环境等，都不能带来真正的激励效果——这些都属于"保健因素"，它们能够消除员工的不满意但并不能带来满意。想让员工工作更加积极、更有成效，提供再多的保健因素也没用。与之相对的"激励因素"或者说能调动员工积极性的主要因素，则与工作本身有关，比如被领导和同事认可、在工作中取得某项成就等。

就大多数情况来说，工资的确是"保健因素"，在工资低的情况下员工会产生不满情绪继而消极怠工，等到工资调整后，员工的工作状态会明显有所恢复，但接下来工资继续上涨，员工的工作状态并不会持续线性上涨，而是保持不变。如果管理者期望工资上涨后员工的工作表现会有很大变化，他多半会感到失望。

但是，赫茨伯格双因素理论是在劳资对立的前提下设定，在该理论覆盖的情境下，工资应该在让员工可接受的范围内努力压低，所以"保健因素"——消除不满才是工资的正确打开方式。从这个角度上看，理性的企业管理者只会拿出员工能够接受的最低工资，以确保企业成本低水平运行。

但是，工资一旦"远超"外部市场的平均水平，情况就发生了明显变化。

5 组织认知篇 ✓

在和企业及各类组织（包括企业、医院、学校和协会）员工访谈中，笔者有时会询问如下问题："如果你的工资在现在的基础上翻一倍，那么前面谈到的那件事情……你会怎么处理？"令人吃惊的是，在对方认真思考之后，回答多数是完全不同的另外一个方向——真正地充分调动自身能力的方向。就和胖东来商贸公司的清洁工将超市生鲜部门的地板擦得比家里还干净一样。

可以看到，这种情况和赫茨伯格的双因素理论产生了背离。

背离的原因是因为当工资超过市场的平均水准（临界点）时，劳方和资方，或者说员工和股东之间就不再是单纯的买卖关系，而是一种"经济利益共生"的伙伴关系——大家通过共同努力创造价值、分享收益，创造的价值越多则伙伴们的收益越多。当内部达成了这样一种共识，工资当然会产生激励效果。

激励效果会让一个人的态度在短期内有很大转变，但员工的能力增长往往需要时间，那么，是否要给员工以时间等待其能力成长呢？这个问题很难回答，需要将具体人和具体事代入实际工作情境之中，这就引入了下一个问题。

需要思考的第五个问题是：高薪企业的文化氛围应该是怎样的，人际关系是和和美美亲如一家还是令行禁止如军营？

高薪企业内部的文化必然是高绩效文化，唯有在高绩效文化下企业所付出的高薪才能得到高回报。所谓高绩效文化，就

233

是企业上下洋溢着一种强烈渴望企业成功，用一切努力追求更高绩效的文化氛围。企业如果缺乏高绩效文化，首要责任在于企业家和管理者。如果企业领导层不能就此达成一致，企业的高绩效文化就是无源之水、无本之木。笔者建议企业领导层应该就高绩效文化进行深入讨论，聚焦于一个议题：

— 我们是否强烈渴望企业成功，用一切努力追求高绩效！

该议题又可以分为若干子议题：

— 我们是否有足够高的目标，能够把我们拧成一股绳去战斗？

— 我们在某件事上是否做了最大努力，并拿到了最佳结果？

— 某个人在他的工作上没有做到最好，我们应该惩罚他吗？

— A事业部说制定的任务目标太高了，我们应该怎么思考这件事？

— 某个人的表现在行业中排名如何，是否应该督促他做到更好？

— 我们每个人是不是足够努力？

— 我们是不是真的要去改变世界？

— ……

这些议题非常重要，如果多数答案是否定的（哪怕是内心的犹豫），企业就不可能建立起真正的高绩效文化，高薪思维在企业中也起不到足够好的效果。因为高薪意味着企业家、管理者和员工结成了事业共同体，三方共同为企业取得优异的经营成果而努力，如果员工绩效不够高，企业的经营则无法带来足够收益，难以持续支付员工的高工资。

企业中的人际关系应该以取得高绩效为基础，显然不应该是和和美美的氛围——传统文化追求"以和为贵""执两用中"，而高绩效文化追求凡事做到最好、达成极致；传统文化讲究"适可而止""难得糊涂"，高绩效文化要求问责到底。这就要求管理层起到带头作用，如果自己都抹不开面子去追求高绩效，如何要求下级做到？同时，优秀企业中的人际关系也与军营中的上行下效、令行禁止有不同之处——军营文化要求成员整齐划一、以服从为天职，而高绩效文化追求伙伴关系、平等沟通、结果导向，二者显然是不一样的。同时，高绩效文化是有温度的，不能盲目实施 KPI 绩效考核制度和末位淘汰制度——企业渴望的成功是一种长期成功，追求的高绩效是一种可持续的高绩效。

"高薪"思维3：奖金制度的终结

> 整个奖金制度的前提，是你可以对未来做出可靠的预测。
>
> ——《不拘一格》，里德·哈斯廷斯

本节只谈一个问题：奖金制度的终结。

笔者在为一家企业做管理顾问期间，遇上了一件尴尬的事情。某年年初，总经理制订了一个销售部门的激励计划，但是由于风云突变，行业形势向好导致当年的销售额远超年初的计划，如果还按照原有激励计划执行，要给销售部门多发（原有预算外）数百万元的奖金。但是，第一，企业历史上还没给员工发过这么多奖金；第二，同样辛苦了一年的生产部门乃至职能部门员工肯定会心里感到不平衡；第三，销售人员今年拿了这么多奖金，明年业绩下滑怎么办？经过再三考虑，管理层决定，当年的奖金不全额发放，而是以奖金池的方式延后发放。这件事往小里说，是企业经营中遇到的特殊情况，由于市场环境突变难以预测导致的，因此既定政策特殊处理也没有太大问题。但往大里说，就是决策层说话不算话，导致原有的良好声誉受到影响。

数十年前,产业相对平稳发展,总体而言,经营者总还是可以准确地预测未来的经营指标,从而根据预测制定KPI和激励制度。今天,我们面临的时代被称为VUCA时代,外部环境中的不稳定因素、不确定因素、复杂因素和模糊因素大大增加,在这种情况下预测未来显然是不准的,传统行业也面临着同样的问题——未来不在经验的范围之内,世界不再能被预测,我们只能依据正在发生的未来,去寻找明日地标。

这种情况下,奖金制度应该发生根本性的改变——不再给员工发奖金,取而代之的是发放更高的工资。

举例来说,一家企业的技术人员的年薪在30万~40万元,如果绩效考核成绩好,可以拿到40万元。而销售人员则变动幅度大一些,基本年薪在15万~40万元,如果销售业绩好,可以拿到40万元。换言之,前者的基本工资为30万元,奖金最高10万元;后者的基本工资为15万元,奖金最高25万元。

如果我们换个思路,直接给技术人员、销售人员发35万元的年薪,会发生什么?

其中一个可能是,会有更好的技术人员和销售人员来公司应聘——在同等情况下,给一个技术人员30万基本工资加不确定的奖金与直接给他35万的工资,他会如何选择?要知道,极少有人会不喜欢确定性的收入。另一个可能则是,在具体工作中,拿固定工资的销售人员不会眼睛只盯着年初制定的目标(这些目标只是滞后指标。当然,目标还是要有),而是会用有利于公司的方式来证明支付给他高工资是正确的。

　　实际上，很多头部企业已经在这么做了，诸如谷歌、英特尔和腾讯公司，这些企业不再用KPI进行硬性的绩效考核，取而代之的是更加灵活的OKR[①]（注意，OKR与绩效奖金没有直接关系），并且给员工直接发13薪、14薪或15薪——这样做很聪明，一方面将工资总额提高，另一方面，多出来几个月的薪水似乎也有奖金的意味。如果年终结算，企业利润丰厚，经营者也可以拿部分收益奖励员工，但这与过去的奖金制度并无关联。

---

① OKR全称为"目标和关键成果"，是企业进行目标管理的一个简单有效的系统，能够将目标管理自上而下贯穿到基层。——编者注

如何解决企业中的矛盾

> 碰上了矛盾简直太棒了,终于有希望更进一步了。
>
> ——尼尔斯·玻尔(Niels Bohr)

笔者在职业生涯中做过销售部门的负责人,那时年轻气盛,经常会因为一点小事就和生产部门的负责人吵架,上级领导也为此头疼不已。后来笔者逐渐了解到,职场中销售人员和生产人员的矛盾司空见惯,如:

- 订单和预测不相符打乱生产计划;
- 交货不能按合同完成引发销售部门抱怨;
- 销售人员不顾生产节奏对顾客进行承诺;
- 生产人员按部就班不顾实际订单需求。

销售员为拿到订单,迎合顾客需求,经常告诉顾客可以缩短工期,即使是比较老成的销售人员也会这么做,因为和销售员奖金挂钩的是销售利润,为拿下毛利比较高的单子,他们会承诺顾客提前交货。但对于生产部门来讲,如果把一个月的工期压缩到 20 天几乎是不可能的事情。销售员虽然依靠承诺提前交货拿下了订单,但是生产部门的计划却完全被打乱,最终的结果是交期延误、顾客不满、公司利益受损。

这样的矛盾应该怎么处理呢？

矛盾管理思维的一个基本思考点就是在更高的层面上统合矛盾。在上例中，可以将销售人员和生产人员的利益统合在一起——如果销售人员承诺提前交货，那就要拿出部分提成作为生产人员的加班费！具体情况具体分析。反之，如果生产部门在正常情况下无法按期交货，要对其进行罚款，罚没的款项给予销售部门做附加奖金（交期延误让顾客满意度下降，对销售部门的业绩完成有不利影响）。

当销售人员和生产人员感受到双方是一个利益共同体的时候，协同会自然产生。销售人员会充分地考虑生产问题。如果顾客要求销售员加急交货，销售人员会跟顾客说，交货期早几天当然很好，但质量也很重要，如果出了问题再返工会更麻烦——销售部门和生产部门应该站在一条战线上说服顾客。

企业是由人构成的，它希望人与人在其中"有目的地协同"，而在协同的过程中必然会有矛盾。当遇到矛盾，切忌线性思考，而要采用矛盾管理思维，将对立的矛盾统合在一起，而不是非此即彼、非黑即白。

- 甲乙两个中层经理在高管会上争吵，吵得面红耳赤。甲乙各自管理一个部门，也代表着一大群人的利益，双方各执一词，而且似乎说得都很有道理，会议主持人想调停，又不知从何说起，怎么办？

此时，管理者（会议主持）可以要求双方"以公司整体的利益为先"，以此为出发点统合双方的观点，既不偏向甲也不偏向乙，在具体的事物上引入公司整体角度作为评判标准，将矛盾整合在一个更高层面的共同体之中。

— 企业中有一位销售人员能力很强，但总是觉得自己的工资奖金与所创造的绩效不符。但他的工资相比其他销售人员已经很高了，管理者经过反复权衡没有给他加薪。他知道后牢骚满腹，开始在员工之中散布一些谣言。管理者对此很不满意，屡次想开除这个人，但又不舍得他创造的业绩，怎么办？

这个矛盾看似是在"开除"和"加薪"之间做抉择，其实不然。对于企业而言，整体的高绩效是唯一的人员管理标准，基于此，管理者要思考矛盾的由来，绝大多数中小企业员工的工资都不够高，如果这个销售人员真的给企业创造了价值，管理者首先要诚心正意地问自己："自己从内心是否把他当作合作伙伴？"多数情况下，这个矛盾的症结在于管理者本身。也就是说，按照矛盾管理思维来看，问题的解法仍然是提高思维的视角和层次，从公司整体的薪酬制度和激励制度进行思考。

除此之外，许多情境下，矛盾出现的原因是因为沟通不畅，双方无法理解对方的观点，同时又坚持自己的想法。但是这个世界并不是非黑即白、非此即彼——在复杂情境下，很多事情不是对错之争，而是站位不同、看问题角度不同、思考方式不同、关注点不同，以及我们认知中的每条概念、每个道理、每种逻辑都有适用的边界——在这种认知的基础上，许多矛盾的处理方式就会是"对事不对人",从而得到更完满的解决方案。

充满智慧的日常俗语也有很多互相矛盾的地方,如:

- 近水楼台先得月,兔子不吃窝边草。
- 书到用时方恨少,百无一用是书生。
- 宜将剩勇追穷寇,得饶人处且饶人。
- 好马不吃回头草,浪子回头金不换。
- 瘦死的骆驼比马大,拔毛的凤凰不如鸡。
- 人不犯我、我不犯人,先下手为强、后下手遭殃。
- 善有善报、恶有恶报,人善被人欺、马善被人骑。
- ……

这充分说明,虽然物有本末,事有终始,但每个道理都是有情境和边界的,企业是一个生命体,生命体中的矛盾不可避免,如果能够时常将关于矛盾的思考升华,不再做简单的二选一的抉择,同时,对矛盾的不同侧面愿意投入精力去观察和思考,你就拥有了不俗的矛盾管理思维。